互联网+时代
汽车后市场销售
赚钱秘诀

王子璐／编著

中国铁道出版社
CHINA RAILWAY PUBLISHING HOUSE

内 容 简 介

本书是从汽车后市场产品一线销售人员的角度出发，以销售流程为主线，结合常见的销售情景，介绍汽车后市场产品销售技巧与沟通的书籍。

本书以后市场产品销售流程为逻辑顺序展开写作。通过销售准备、客户接待、需求探询、产品介绍、销售回访、异议处理、议价谈判、促销成交八个环节，引入了55个常见的销售实战情景展开讲解。

本书定位于有一定销售经验的汽车4S店的一线销售顾问和服务顾问，以及其他汽车后市场产品业务一线销售人员。介绍在汽车销售及售后服务过程中，针对后市场产品的有效销售方法与技巧。

在汽车4S店后市场产品的实际销售过程中，往往不是单独推销后市场产品，而是需要销售顾问与整车销售相结合，进行共同销售。本书在写作过程中特地针对4S店销售的实际情况，将后市场产品销售与整车销售相结合，更加贴合读者的实际需求。

图书在版编目（CIP）数据

互联网+时代：汽车后市场销售赚钱秘诀 / 王子璐
编著. —北京：中国铁道出版社，2017.9
ISBN 978-7-113-23254-2

Ⅰ. ①互… Ⅱ. ①王… Ⅲ. ①汽车－市场营销－中国
Ⅳ. ①F724.76

中国版本图书馆CIP数据核字（2017）第137689号

书　　名：互联网+时代：汽车后市场销售赚钱秘诀
作　　者：王子璐　编著

责任编辑：张亚慧　　　　　　读者热线电话：010-63560056
责任印制：赵星辰　　　　　　封面设计：MXK DESIGN STUDIO

出版发行：中国铁道出版社（北京市西城区右安门西街8号　邮政编码：100054）
印　　刷：三河市兴达印务有限公司
版　　次：2017年9月第1版　　2017年9月第1次印刷
开　　本：700mm×1 000mm　1/16　印张：14　字数：208千
书　　号：ISBN 978-7-113-23254-2
定　　价：45.00元

经过前几年汽车销量增长率的谷底震荡，近年来中国汽车市场再次风起云涌，整车产销量增长率再度大幅攀升。然而，爆棚的汽车产销量，并没有给汽车经销商们带来高利润。

销量见涨，但利润不见涨，成为汽车经销商头痛的问题。的确，随着家用汽车在中国的不断普及，整车销售如今已经进入了微利时代，甚至有些经销商已经到了卖车负利润的地步。

"互联网＋"时代的到来，无数的传统行业开始进行思维化的产业革命，企业由过去单一的贸易型经济模式，开始向平台化运作模式展开，汽车行业也不例外。

汽车经销商要想获得高利润，就必须改变单一的，以整车进销差价和厂家返利为利润点的经营模式，而应该把 4S 店进行平台化运营。以整个汽车为生态核心，寻找多方向的利润来源，汽车后市场产品则是当前一个巨大的利润突破口。所以，我们说，现在的汽车 4S 店只有会卖后市场产品才能多赚钱。

汽车后市场领域众多，产品线丰富。从购车后的加装类精品，到金融保险类服务，再到售后的轮胎、机油、维修、美容等产品和服务，可谓是品种多样，利润无限。但是，当前绝大部分汽车4S店在后市场产品销售上，还处在萌芽的阶段。原因有以下几点：

（1）之前整车销售的高利润，让汽车经销商不重视后市场产品的销售，至今都没有较强的后市场产品销售的意识。

（2）汽车后市场产品有很多4S店以外的经营模式在竞争，比如：电话车险、汽车美容店等。很多4S店认为，对手的成本低，产品价格压得很低，难以竞争。

（3）汽车后市场产品由于品牌杂、品类多，市场自身存在着一定的不规范性，让很多汽车4S店不愿加入。

其实，对于经营后市场产品，相比竞争对手而言，4S店还是有着很多天然的优势。首先，整车销售的源头来自4S店；其次，4S店有着很强的品牌优势；最后，4S店的销售顾问在整车销售时与客户建立下了关系优势。这些优势都可以成为4S店后市场产品销售的重要砝码。

但很多汽车经销商放着这些砝码不用，只是随意的经营着后市场产品，明明唾手可得的利润点放着不要，还天天自怜自艾地感叹整车销售利润低、厂家返利不足。

让我下定决心写本书的一个重要因素，来源于2016年我自己的家用轿车的一次车险续保经历。

目前我正在使用的是一辆德国的豪华品牌SUV，在我的车辆保险到期前3个月，平安、太平洋、人保等一些车险直销公司的电话销售人员就开始不断地联系我，给出各式各样的优惠促销方案，吸引我的车辆续保。

而作为我购车和一直坚持保养维修的那家4S店，却始终没有和我联系。直到车险即将到期的前3天，终于接到了这家4S店的一个续保电话。打电话的应该是一位新工作不久的小姑娘，话术很不熟练。当我告诉她，你的电话打来得太晚了，我已经在电话车险的公司购买了保险后，她也没有多问，直接就结束了通话。电话挂断后，我自言自语了一句："4S 店这样做续保服务，要是能做得好，那叫'天理不容'。"

的确，现在不少汽车 4S 店之所以利润低和后市场产品销售才刚刚起步，很大程度是因为自身对后市场产品销售不够重视，对于后市场产品没有相应的销售流程和管理方法。就像我亲身经历的这次车辆续保，作为一个豪华品牌的知名汽车经销商都是抱着这种不积极得卖就算的态度，更何况其他的汽车经销商呢？这哪里是 4S 店啊？这分明就是路边的小摊小贩。

当今的汽车 4S 店在整车销售领域已经相对成熟，但在后市场产品销售领域还是刚刚起步。所以，我写本书，就是希望把后市场产品销售的系统流程呈现给汽车经销商，让汽车经销商们看到汽车后市场产品销售能带来的可观利润。

现在的市面上也有一些关于汽车后市场产品销售技巧类的书籍，但主要是针对轮胎、机油、维修、快保、美容、洗车等汽车服务的小型加盟店，本书中谈到的每一个话题，只是针对单一的产品。借助互联网思维，进行平台化管理，面向 4S 店这种综合性后市场产品销售的图书，目前尚属空白。

本书是从后市场产品一线销售人员的角度出发，以销售流程为逻辑，结合常见的销售情景，介绍汽车后市场产品销售技巧与话术类的书籍。

全书分为：销售准备、客户接待、需求探询、产品介绍、销售回访、异议处理、议价协商、促销成交八大模块，通过 55 个最常见的销售情景进行阐述。

每一节又分成：情景呈现、思路讲解、错误话术、优秀话术四部分进行讲解。让读者既能结合实际的销售场景，又能学习思路分析，同时从正反两个角度进行直观的话术呈现，可以做到拿来即用。

本书是以汽车后市场产品为载体的全方位、完整性的销售技巧类书籍。定位于汽车整车及后市场产品销售的一线人员。通过本书的学习，你可以获得以下收益：

（1）只要你是销售人员，无论经营什么产品和行业，本书都是一套完整的销售流程、销售思路与销售话术相结合的学习教程。

（2）如果你是汽车后市场产品的从业者，无论是否是 4S 店销售人员，本书都可以帮你更好地结合你所销售的产品进行客户需求发掘与产品介绍。

（3）如果你是一家汽车 4S 店的整车及后市场产品销售人员，除上述知识外，你还将学习到如何利用 4S 店的优势将整车和后市场产品共同销售，获得更大的销售利润点。

作者
2017 年 5 月

目录 | CONTENTS

07 PART 议价谈判环节——成交前的临门一脚 137

08 PART

销售准备环节——了解后市场产品销售的重要

1.1 销售情景：汽车 4S 店后市场产品有哪些

王子璐是明星汽车 4S 店的资深销售顾问，是店里的销售精英，经常获得月度销售冠军。可是最近这段时间，王子璐却感到有些闷闷不乐。原来，一连几个月的时间王子璐的整车销量都在不断攀升，可月度的提成收入却不升反降。于是，王子璐找到了销售经理。

王子璐："经理，我觉得最近咱们公司的绩效考核制度有问题。"

销售经理："你觉得是什么问题呢？"

王子璐："我现在车卖得不比原来少，但薪酬不仅没有上升，反而有所下降。"

销售经理："除了卖车，你后市场产品的销量达标了吗？"

王子璐："后市场产品？"

销售经理："是啊，今天的汽车市场已经和过去几年大为不同。在"互联网+"的时代，客户要买的不仅仅是车的本身，他们更关注车辆在使用中带给他们各方面的价值体验，所以现在公司的绩效考核制度，整车销量只是一部分，还有很大一部分在于后市场产品的销售。"

情景呈现

> 王子璐："你说的后市场产品不就是客户买车后附加的一些产品吗？比如贴膜、脚垫、导航，还有很多都是赠送的，哪能带来多少销售收入啊？"
>
> 销售经理："子璐，你说的只是汽车后市场产品的一小部分。后市场产品包括：内饰、外饰、美容养护、安全防盗、金融保险服务、会员服务等一系列要素。可以销售的价值可大着呢。"
>
> 王子璐："这么说，现在的汽车销售仅仅卖车不够了？"
>
> 销售经理："当然了，现在无论是公司的利润还是销售顾问个人的提成，整车销售都不是最核心的盈利点。'互联网+'时代，我们做汽车销售也要有互联网思维，把销售的重心从产品的本身转移到大产品带给客户的附加值上。"
>
> 王子璐："我明白了，看来我们这些老销售顾问要转变观念了，我回去要好好研究一下，汽车后市场产品都有哪些。"

① **错误思路／WRONG IDEAS**

销售顾问：汽车销售就只是整车销售。

① **思路分析／THINKING ANALYSIS**

这是停留在过去的汽车销售理念，当今的汽车市场仅靠整车销售，无论是4S店还是销售顾问个人，利润都是微薄的。

② **错误思路／WRONG IDEAS**

销售顾问："互联网+"是企业高层的战略思维，和我们做销售的没关系。

② 思路分析／THINKING ANALYSIS

这是与时代脱节的销售理念。产品本身的价值在降低，而产品带给客户的附加价值在提升，这是当今时代的销售主导思想。销售顾问不用"互联网＋"的思路去销售，就无法抓住这个时代客户的核心价值。

③ 错误思路／WRONG IDEAS

销售顾问：汽车后市场产品就是脚垫、贴膜、导航这类精品。

③思路分析／THINKING ANALYSIS

如果把汽车后市场产品仅仅理解为汽车内饰精品，就大大降低了后市场产品的销售空间与销售顾问的销售信心。"互联网＋"时代，广义的汽车后市场产品，应该定义在一切可以与汽车有交集的产品。

IDEAS TO EXPLAIN
思／路／讲／解

∨

"互联网＋"时代营销呈现的一个最核心的特点就是产品本身的价值在降低，而产品带给客户的附加价值在提升。比如：现在很多年轻人玩的电子游戏，游戏的本身很多都是免费的，但在游戏中要获得很好的体验，就需要付费购买游戏道具。汽车销售也是一样，客户买车，车本身的价值在降低，但是开车给客户带来的舒适、便捷等价值在不断提升。

所以，近年来在整车销售领域，无论是 4S 店还是销售顾问个人，利润都在下降。但是，后市场产品的利润却出现了巨大的上升，而且后市场产品的类别和数量也大幅增加。

那么，什么是后市场产品呢？后市场产品不能简单地定义为客户买车后增加的脚垫、贴膜等配饰。后市场是客户选车、购车、用车、养车等整个价值链上的体验与服务。

当今，汽车的使用已然成为一个生态圈，广义上来讲，汽车的后市场产品，可以涵盖在客户生活中与车发生交集的方方面面。比如：客户开车要加油，那么加油站就是汽车的后市场产品；客户开车要停车，那么停车场也是汽车的后市场产品；客户周末开车去自驾游，那么旅游服务同样可以成为汽车的后市场产品。

因此，汽车后市场产品，是在互联网思维下的后市场产品，是广义的后市场产品，是一切可以与汽车有交集的后市场产品。

这些产品以前是分散在外的，如洗车行、加油站、汽车美容服务等。而今天的汽车 4S 店销售，就是要基于 4S 店本身的优势，整合这些附加值，这样 4S 店销售才更有利润，更赚钱。

常见的汽车后市场产品主要分为以下类别：

一	汽车内饰	精品布艺	方向盘套	手刹套	安全带护套	排档套	遮阳板 CD 袋	票据夹
			抱枕	头枕	腰靠	置物筒		
		内饰精品	烟灰缸	手机架	纸巾盒	防滑垫	钥匙扣	衣架
			挂饰	储物箱	个性装饰物			
		汽车香水	座式香水	风口香水	悬挂香水	香片	香膏	
		车内装饰	通用座套	座垫	地毯	尾箱垫	装饰灯	方向盘装饰
			夏季凉垫	脚踏板				
二	汽车外饰	车标徽标	立标	尾标	改装标	侧标	卧标	中网徽标
		装饰用品	汽嘴帽	尾箱饰条	轮眉	车身饰条	车牌架	大灯装饰
			雾灯装饰	油箱饰盖	门拉手	门腕	后视镜盖	尾灯装饰
		功能用品	发动机护板	挡泥板	雨刷条	防撞胶	天线 / 底座	
			晴雨挡	车衣	静电带	3M 胶	后视镜	
三	户外用品	自驾用品	胎压计	灭火器	拖车绳	警示牌	电瓶线	防滑链
			安全锤	千斤顶				
		户外精品	折叠桌椅	手电筒	休闲垫	吊床	帐篷	睡袋
			急救包	野餐工具包	冰袋	充气用品	水桶水壶	登山工具
			烧烤炊具	露营灯	LED 头灯	多功能挂扣	旅行背包	望远镜

续表

四	美容养护	洗车用品	轮胎及刹车清洗保养		洗车蜡水	洗车泡沫		
		养护用品	机油	空调清洗除臭	玻璃水	四滤	防冻液	刹车皮
		漆面护理	补漆笔	防水蜡	去污蜡	封釉镀膜		
		内饰护理	室内降温	上光保养	内饰清洁	抗菌除臭		
		清洁用品	清洁布	清洁刷	清洁手套	神奇海绵	毛巾	
五	车用电器	车用电器	空气净化器	吸尘器	充气泵	车载按摩器	车载冰箱	车用电热杯
		GPS导航	GPS导航	安全警示器				
		汽车电子	手机车充	车载逆变器	车用充电器	应急电源	多功能电源	
六	安全防盗	电子产品	GPS防盗	倒车雷达	防盗器	中控锁	倒车摄像头	行车记录仪
		机械产品	方向盘锁	排挡锁	防盗扣			
七	汽车影音	主机屏幕	显示屏	车载DVD	车载MP3/4	收音机		
		喇叭器材	功放	喇叭	低音炮	交换器	均衡器	
八	改装用品	灯饰改装	HID灯	高位刹车灯	雾灯	爆闪灯	室内灯	超炫灯饰改装
		外观改装	尾翼	大小包围	平衡杆	前后护杠	行李架	碳纤机头盖
		个性贴纸	整车套贴	前挡贴	车头盖贴	车腰线	车身对贴	个性小贴纸
		其他改装	刹车片	排挡头	缓冲器	手刹杆	真皮改装	静电贴纸

九	汽车服务	金融服务	购车贷款	金融理财	汽车团购	众筹购车	众筹保养
		保险服务	交强险	商业险	人身意外险		
		租赁服务	汽车租赁	代驾服务	专车服务	拼车服务	
		生活服务	自驾游	停车位	美食向导		

优秀思路／EXCELLENT IDEAS

销售顾问："互联网+"时代,发现客户一切与汽车相关的需求所在,充分发挥后市场产品的价值。

优秀分析／ANALYSIS

有了与时代相符合的思维方式,销售才能更加有效地满足客户需求,同时创造更大的销售价值。

1.2 销售情景:汽车后市场产品销售对于4S店有哪些价值

情景呈现

王子璐是明星汽车4S店的资深销售顾问,是店里的销售精英,经常获得月度销售冠军。

最近这段时间,王子璐发现仅仅依靠整车销售,业绩提成很难大幅度提升。于是,在销售经理的帮助和指导下,王子璐下功夫重点开发购车客户的后市场产品需求。

情景呈现

很快，他发现通过后市场产品的销售，不仅为他带来了丰厚的收入提成，而且可以大大提升客户购车后的到店率，同时还提升了客户满意度。

如今，王子璐逢人就说："今天的汽车销售市场，会卖后市场产品才赚钱。"

① 错误思路／WRONG IDEAS

销售顾问：汽车后市场产品销售的价值就是多卖精品多赚钱。

① 错误分析／ERROR ANALYSIS

精品只是后市场产品的一部分，广义的汽车后市场产品，应该定义在一切可以与汽车有交集的产品上。所以，后市场产品销售的价值也不仅仅是销售提成那么简单。当销售顾问真正有效地根据客户的需求推荐和销售后市场产品时，给销售顾问带来的客户二次购买和转介绍才是更加长远的价值。

② 错误思路／WRONG IDEAS

销售顾问：4S 店的"精品"比路边汽配店卖得价格高，所以 4S 店的汽车后市场产品不好卖。

② 错误分析／ERROR ANALYSIS

这是一个普遍困扰销售顾问的难题，也正是由于价格的因素让很多 4S 店销售顾问失去了后市场产品销售的动力。其实销售顾问只是看到了从成本的角度来讲，某一类后市场产品在 4S 店销售的不利因素，但忽视了两个重要问题。其一，后市场产品远比"精品"丰富得多；其二，4S 店有着很多路边汽配店无法比拟的优势，比如：4S 店在整车销售时对客户的需求已经清楚，对客户的车型也更加了解。基于这些优势，4S 店可以为客户拿出差异化的，更满足客户需求的产品和服务。

IDEAS TO EXPLAIN
思／路／讲／解

∨

在当今的汽车销售领域，4S 店的后市场产品价值是巨大的，尤其是在整车销售利润不断降低的今天，后市场产品的价值体现便更加明显了。汽车 4S 店后市场产品的价值，主要体现在以下几个方面：

1．为 4S 店整体经营带来营业利润

近些年，我国乘用车市场的主要品牌中，经销商整车销售利润普遍在下降。卖车赚钱少，卖车不赚钱，甚至卖车亏钱的现象比比皆是。当然，作为 4S 店是不可能放弃整车销售的。因此，4S 店的销售目标，必须基于整车销售再去寻求新的盈利点。后市场产品便是销售利润增长的有效价值突破口。

2．提升销售顾问个人的收入提成

在汽车 4S 店中，销售顾问的收入水平往往都是根据店内的商务政策决定的。由于近年来，经销商整车销售利润普遍在下降，销售顾问整车销售的提成也随之下降。所以，如果销售顾问能更好地销售后市场产品，可以带来比整车销售更加客观的收入提成。

3．提升购车客户的满意度

客户购车的本质不仅仅体现在车辆的本身，而是车在生活中使用时带给自己的价值。所以，后市场产品可以带给客户在用车中更充分的价值体验。这里，再次强调，汽车后市场产品不能简单地定义成"汽车精品"，而应该涵盖客户用车的方方面面。比如：出险时有更好的汽车救援服务，出游时有更合适旅行的餐厅推荐，这样才可以给客户带来超越车辆本身的满意度价值。

4．提升购车客户的再次到店率

汽车销售过程中，增强老客户的二次消费或升级消费比起开发新客户的成本要低得多。然而，要想增强老客户的二次消费，关键就是要提升老客户的再次到店率。传统的 4S 店销售，客户购车后如果没有遇到维修或保养问题再次到店的可能性较小。如今，通过后市场产品的销售，特别是具有阶段性的后市场产品的销售，比如：汽车美容大礼包、车载智能系统升级等项目，就能使得客户后期到店的频次大大增加，为日后的销售带来了机会。

5．提升购车客户的转介绍率

前面我们提到汽车后市场产品的销售可以有效地提升客户的满意度和再次到店率。那么，随着客户满意度的提升和接触频次的增加，客户转介绍率也会大大增加。客户在购车后到店去享受后市场产品服务时，有可能带上自己的亲朋好友，增加了其转介绍的机会。同时，如果 4S 店还能加以配合相关的转介绍奖励或促销活动，那么转介绍的成功率更会大大加强。

优秀思路／EXCELLENT IDEAS

销售顾问：收入提成只是 4S 店后市场产品销售价值的一部分，后市场产品的销售是要根据客户用车的需求，为客户拿出差异化的产品和服务，后市场产品的销售可以提升客户在整车销售完成后的再次到店率，也可以提升客户转介绍率。

优秀分析／ANALYSIS

充分看到后市场产品带来的价值，销售顾问才会更有销售的动力。

1.3 销售情景：4S 店后市场产品销售与路边汽配店有什么差别

<table>
<tr>
<td>情景呈现</td>
<td>

王子璐是明星汽车 4S 店的销售顾问。最近这段时间，随着整车销售利润的不断降低，公司的商务政策越来越倾向于汽车后市场产品的销售。于是王子璐在卖车的同时，也不断地加大力度，给客户推荐后市场产品。

可是，与路边的汽配店不同，客户来到 4S 店主要是来看车的，所以不怎么喜欢谈后市场产品。每当王子璐推荐完后市场产品后，很多客户都说："先把车订下来再谈吧。"可是，等车订下来之后，客户又因为价格或其他的理由，选择去路边的汽配店购买后市场产品。

王子璐发愁了，究竟应该在什么时候对客户推荐后市场产品才合适呢？

</td>
</tr>
</table>

① 错误思路／WRONG IDEAS

销售顾问：4S 店后市场产品应该在整车销售完成后介绍。

① 错误分析／ERROR ANALYSIS

在客户的固有思维中，4S 店是以卖车为核心，一旦整车销售完成，客户想当然地会认为购买已经完成，对于后市场产品往往喜欢提车后去路边的汽配店看看，这样就错过了最佳的推荐时机。

② 错误思路／ WRONG IDEAS

销售顾问:现在卖后市场产品更赚钱,所以客户到店就要开始大力推荐后市场产品。

② 错误分析／ ERROR ANALYSIS

如果销售顾问车还没有介绍好,就急于去推荐后市场产品,势必给客户一种很强烈的推销气息,甚至让客户反感。弄不好,后市场产品没卖出去,整车订单还落了空。

③ 错误思路／ WRONG IDEAS

销售顾问:后市场产品和整车可以分成两张不同的订单进行销售。

③ 错误分析／ ERROR ANALYSIS

这样容易提升客户对单一后市场产品"价格"的敏感度。将订单整合销售可以让不同商品间相互促进,形成促销。

> IDEAS TO EXPLAIN
> 思／路／讲／解
> ∨

虽然都是销售汽车后市场产品,但由于门店的性质不同,4S 店的销售方法与流程和路边的汽配店也有着区别。

1. 客户购买心理需求的区别

对于路边的汽配店,客户往往都是在已经购车之后才去光顾。因此,客户的购买需求相对明确,无论是加装导航,还是购买太阳膜,客户都会明确提出自己的购买目标。

作为汽配店的销售只需了解需求和介绍产品即可,而 4S 店则不同。在客户的固有思维中,4S 店是以卖车为核心,而且到店的客户往往都还是尚未购车的,所以从心理的角度来讲,来 4S 店的客户更多的是关心车的本身，而不会主动提出后市场产品的需求。所以，对于 4S 店销售而言，从销售流程上来讲，不仅要了解客户的需求，更要创造客户的需求。

本书将在后面的章节里，从客户进店看车开始，到最终下订环节，每一个流程上详细阐述创造客户对后市场产品需求的方法。

2．产品介绍时机的区别

对于路边的汽配店，从客户到店一开始就已经明确了其产品介绍的时机，销售人员只需要按常规的销售流程进行跟进。而作为汽车 4S 店，一般来说销售顾问首先是要给客户介绍车辆的，所以把握后市场产品介绍的时机非常关键。

如果销售顾问车还没有介绍好，就急于去推荐后市场产品，势必给客户一种很强烈的推销气息，甚至让客户反感。弄不好，后市场产品没卖出去，整车订单还落了空。所以，很多销售顾问为防止这样的事情发生，就选择先推荐整车，等整车订单下订后再推荐后市场产品。可是却发现很多客户，整车订单一旦下订，并不大愿意立即在 4S 店购买后市场产品。

因此，4S 店后市场产品的介绍，既不是在客户刚一开始到店，也不是在客户购车之后。而应该是贯穿客户选车的始终。在客户选车的不同阶段，描绘出客户用车的不同场景，继而创造出客户对于后市场产品的需求。

3．产品销售类型的区别

从当前的市场形势上来看，路边汽配店的产品销售相对是单一的。比如：专门的汽车美容店、专门的轮胎店、专门的汽车改装店等。因此，对于路边汽配店而言，产品的销售类型也是单一的。商家只需要给客户介绍其经营的这一类产品中最符合客户需求的品牌和型号。

作为 4S 店，是目前可以整合汽车后市场产品的最佳平台。因此，4S 店后市场产品的销售类型不仅仅是某个单一的序列，而是整个后市场价值链。4S 店不仅可以销售导航、贴膜，而且还可以销售定期汽车美容服务、汽车金融保险产品，甚至可以根据客户平时习惯的驾车路线销售沿途的加油站优惠油卡。

4．产品销售价值的区别

4S店销售顾问在销售后市场产品的环节中，最常见也是最棘手的问题就是价格。由于经营成本等诸多因素，4S店的后市场产品的售价往往会比非4S店的要高一些。比如：加装车载产品的价格比路边汽配店的价格略高，购买保险的价格要比电话车险公司的略高等。

这时候，4S店的销售顾问一定要把客户对产品的关注点，引导到其"价值"上来，而不仅仅是停留在"价格"本身。虽然，4S店在后市场产品销售的价格上比路边汽配店要略高一点，但4S店的后市场产品销售价值点却是路边汽配店无法比拟的。

比如，某品牌4S店销售的配件产品一定是经过精心挑选与该品牌的车型最为匹配的。这样就大大省去了客户的甄别环节；4S店在车载电子产品的加装环节中，技师的工艺优于路边汽配店的工艺水平，同时对于本品牌车型的电子电路也更加了解；在4S店购买保险遇到出险时无论是救援、定损、维修都更加便捷。

所以，路边汽配店的产品销售更多是共性化的，是针对所有汽车品牌、汽车型号的。而4S店后市场产品的销售是差异化的，是个性化的，是有效针对该品牌车主的。

5．产品销售订单的区别

由于4S店整合了后市场的产品，同时又是和整车共同销售，因此4S店的后市场产品订单应该是整合型的、打包型的。既可以是多种类型的汽车后市场产品打包成一张订单，也可以把后市场产品与整车销售整合成一张订单。

这样整合型的订单，一方面可以有效地降低客户对单一后市场产品"价格"的敏感度。另一方面，打包销售让不同商品间相互促进，形成促销。

优秀思路 ╱ EXCELLENT IDEAS

销售顾问：在整车销售的流程中去寻找客户的需求点，适时地对客户展示客户用车时的场景，创造客户的后市场产品的需求，同时将后市场产品与整车整合在一起销售，提升后市场产品的价值感。

优秀分析 ╱ ANALYSIS

新的销售思路和销售模式，不要仅仅看到与竞争对手相比的不足，更要看到自身的优势。只有充分了解了自身的优势与劣势，才能更好地在销售过程中做到有的放矢、扬长避短。

客户接待环节——建立与客户之间的信任感

2.1 客户进店开口第一句话说什么

情景呈现

王子璐是明星汽车 4S 店的新销售顾问，今天是他第一天上岗，站在展厅门口迎候客户的他既兴奋又紧张。这时候，两位 30 岁左右的男性客户来到了店门口，轮到王子璐接待了，他迎了上去，怯生生地问了一句。

王子璐： "先生，您好，请问看车吗？"

其中一位客户小声地回了一句话。

客户： "嗯。"

然后，两位客户就径直走进了店里。留下王子璐一人站在展厅的门口不知所措了。

① **错误话术／WRONG TO SPEAK**

销售顾问："您好，看车吗？"

① **错误分析／ERROR ANALYSIS**

这是没话找话，客户来展厅不是看车还能干什么？这样的问话是无法引起客户的兴趣的，客户最多只能冷冷地回答你一个"是"。同时，客户感受不到受重视，更别说记住你是谁了？而且，无论客户是否回答你，当这句话说完了，就失去了再次与客户沟通的机会。

② **错误话术／WRONG TO SPEAK**

销售顾问："您好，有什么可以帮到您？"

② **错误分析／ERROR ANALYSIS**

这句话在服务行业用了很多年，看起来似乎没什么问题，其实同样是错误的。因为，没有哪个客户会回答需要什么帮助的。所以，这样的问话仍然是在没话找话，根本无法引起客户的兴趣，更别说让客户感到舒适，并记住你了。

③ **错误话术／WRONG TO SPEAK**

销售顾问（寸步不离地跟着客户）："先生，欢迎光临，我来给你介绍一下我们最新款的车……"

③ **错误分析／ERROR ANALYSIS**

如果遇到比较强势有主见的客户，这种行为会让客户感到压抑，无所适从，甚至反感。

④ **错误话术／WRONG TO SPEAK**

销售顾问："……"（让客户自己看，不搭理客户）

④ **错误分析／ERROR ANALYSIS**

这样怠慢客户，对客户不礼貌，会给客户留下不受欢迎、不被重视的感觉。

IDEAS TO EXPLAIN
思／路／讲／解
∨

当客户第一次走进展厅时，销售顾问给他造成的印象直接关系到今后的销售成败。此时，销售顾问的"开口第一句话"就显得尤为重要。作为销售顾问，此时的销售目标是让客户感到舒适，并记住你，为接下来的进一步沟通奠定基础。

然而，客户进到一个陌生的环境，自然会先产生一种自我保护的心理。客户的心理变化过程通常如下：

（1）不知所措

（2）焦虑担心

（3）将信将疑

（4）信任

（5）舒适

根据客户心理的变化过程，我们可以看出，让客户感到舒适，是销售顾问首次和客户接触的最终目的。销售顾问可以根据客户的年龄、服饰、语言、身体语言、态度、交通工具、通信工具、气质、行为等九个方面的情况，适时与客户建立情感上的沟通，为后续销售奠定基础，让客户的心态感到舒适，将客户引导向舒适区。

同时，与陌生客户建立一个良好的沟通，要避免发生以下两种情况：

1. 让客户觉得不受重视

客户进到展厅很久了，还没有销售顾问注意并出来接待他们。或者随便问几句，拿一些资料给客户自己看，把客户放在一边，自己忙其他事情。

2. 让客户觉得太过热情

当客户还处在一种紧张、防御、尚未适应的状态时就受到销售顾问过于热情的接待，容易让他们无所适从。

通过比较轻松的"开口第一句话"，目的是为后续的销售开启一扇窗，建立一座沟通的桥梁。除了语言上的处理外，还要注意"情绪"和"肢体语言"的有机结合，达到与客户有效沟通的目标。

优秀话术／EXCELLENT TALK

销售顾问（微笑）："先生您好，欢迎光临明星 4S 店（鞠躬），我是您的销售顾问王子璐，这是我的名片（递上名片）。"

优秀分析／ANALYSIS

微笑、欢迎光临、鞠躬，这些语言和动作，可以让客户感到热情。自报姓名、递上名片这些语言和动作可以加深客户的印象，让客户记住你。

2.2 客户进店一言不发怎么办

情景呈现

王子璐是明星汽车 4S 店的销售顾问，这一天王子璐正在店门口值班，店外径直走来一位 40 岁左右的男性。王子璐迎了上去。

王子璐："先生，您好！欢迎光临，有什么我可以帮到您吗？"

这位客户愣了一下，看了一眼王子璐，并没多说话，径直走到了展厅里。

王子璐见客户没有开口，心想是不是自己不够热情，于是又凑了上去。

王子璐："先生，您看车吗？我给您介绍一下吧。我们现在最新上市的是 A 车型，这款车……"

> **情景呈现**
>
> 话还没说完，王子璐就发现这位先生并没有听他介绍的意思，已经走到了 B 车前，拉开车门看了起来。因此，王子璐只好悻悻地站到了一边。不一会儿，这位先生看完了车，一句话没说又径直离开了。
>
> 唉，真不知道客户一句话不说，到底是怎么想的?

① 错误话术 / WRONG TO SPEAK

销售顾问："您好，欢迎光临，我来给您介绍一下我们最新款的 A 车型……"

① 错误分析 / ERROR ANALYSIS

面对沉默寡言、一言不发类型的客户，在没有了解客户需求的情况下，过度的热情，只会让客户感到压力、不适，甚至快速地离开。

② 错误话术 / WRONG TO SPEAK

销售顾问："……"（你沉默，我也沉默）

② 错误分析 / ERROR ANALYSIS

销售顾问的过度热情，未必能换来客户的开口。但销售顾问的沉默，一定是换来客户的离开。

③ 错误话术 / WRONG TO SPEAK

销售顾问："先生，欢迎光临，有什么可以帮到您?"

③ 错误分析 / ERROR ANALYSIS

开放式问题，让陌生客户需要花过多的时间思考，难以快速做出回应。

④ **错误话术／WRONG TO SPEAK**

销售顾问："先生，您好！看车吗？"

④ **错误分析／ERROR ANALYSIS**

封闭式的问题，虽然能让客户短暂的开口，但是，客户的嘴巴打开了，思维还没有打开。这时，也许大多数客户会回答一个"是"或者"嗯"。然后就无话可说了。

```
IDEAS TO EXPLAIN
思／路／讲／解
```
∨

当客户第一次走进展厅时，销售顾问和客户之间彼此都是陌生的关系，因此销售顾问需要通过交谈去了解客户。常见的客户有以下三种状态：

1．主动交谈型

这类客户可以明确表达自己的需求，对销售顾问态度比较友好，可以直接切入产品的主题。对于此类客户，销售顾问相对容易展开后续的销售流程。

2．异议挑刺型

这类客户也愿意主动表达，但表达的内容往往以提问对产品、价格的异议为主，喜欢挑刺。对于此类客户，销售顾问虽然不能像主动交谈型客户那样可以快速展开后续销售流程，但也能找到客户感兴趣的话题，只要能合理有效地解决客户的异议，依然可以按流程开展后续的销售。

3．一言不发型

这类客户沉默寡言，不愿表达或很少表达。经常只是自己观察。对于销售顾问的问话往往也不爱搭理，或者简单应付。对于此类客户，销售顾问总是深感头疼。太热情了吧，又担心客户反感；保持沉默吧，很容易丧失掉进一步销售的机会。尤其是对于后市场产品的销售，由于客户进店完全不说话，别说对后市场产品的需求，就是购车需求也难以探明。

所以，面对一言不发的客户，销售顾问的首要目标就是让客户开口。对于这类客户，销售顾问如果只是简单地介绍或使用基本的礼貌用语是很难达到效果的。有效的技巧就是提出高质量的问题。

常见的问题有以下三种模式：

1. 开放式问题

比如，今天中午你吃了什么？

这类问题的优点是可以让回答者自由发挥，内容不受到限定。缺点是回答之前需要先思考，对于有些不容易及时作答的问题，回答者有可能选择拒绝回答。对于陌生客户，尤其是自身不喜欢主动开口的客户，使用开放式的问题，容易让客户因为难以回答，而放弃回答。

比如，销售顾问说："先生，您好！有什么可以帮到您？"在中国的语言环境中，这个时候就很少有客户会主动开口说："请你帮我……"于是，很多客户选择了沉默。

所以，作为销售顾问可以发现，有的时候客户一言不发或保持沉默，未必是客户真的想一言不发。而是销售顾问没有高质量的问话，没有办法打开客户的话匣子。

2. 封闭式问题

比如，今天中午你吃饭了吗？

这类问题的优点是可以让回答者快速做出回应。缺点是内容受到限定，回答之后很难再展开新的话题。对于陌生客户，尤其是自身不喜欢主动开口的客户，使用封闭式问题，虽然相比开放式问题让客户更容易开口，但开口之后却很容易再度回到沉默。

比如，销售顾问说："先生，您好！看车吗？"这时，也许大多数客户会回答一个"是"或者"嗯"。然后就再度回到沉默。

所以，作为销售顾问可以发现，封闭式的问题虽然能让客户短暂的开口，但是，客户的嘴巴打开了，思维还没有打开。

3．选择式问题

比如，今天中午你想吃什么？中餐？西餐？日本料理？

这类问题的优点是可以让回答者快速做出回应，并且回答者的答案可以有效地框定在提问者的选项中，问题结束后可以由提问者继续主导话题。

对于陌生客户，尤其是自身不喜欢主动开口的客户，使用选择式问题，不仅可以让客户快速做出回应，而且回应的内容更多的是限定在销售顾问可控的范围内。最重要的是，此时此刻，销售顾问已经开始主导客户的思维了。

比如，销售顾问说："先生，您看是我帮您介绍一下我们的产品？还是您自己先随便看看？或者天这么热，咱们去休息区坐一下，我给您倒杯饮料，咱们边坐边聊？"这个时候，你会发现绝大部分的客户都会开口做出选择。

因为，客户来到店里面看车选车，无非也就这三种动作。而且，只要客户选择了"让销售顾问介绍"和"边坐边聊"这两个选项的其中之一，都可以让话题进一步进行下去。至于，如果有一些客户选择"随便看看"，我们会在下一节介绍应对方法。

所以，作为销售顾问可以发现，选择式问题对于首次接触的陌生客户而言，是非常有效让客户开口的高质量问题。

优秀话术／EXCELLENT TALK

销售顾问："先生，您看是我帮您介绍一下我们的产品？还是您自己先随便看看？或者天这么热，咱们去休息区坐一下，我给您倒杯饮料，咱们边坐边聊？"

优秀分析／ANALYSIS

选择式问题对于首次接触的陌生客户而言，是非常有效让客户开口的高质量问题。不仅可以让客户快速做出回应，而且回应的内容更多的是限定在销售顾问可控的范围内。最重要的是，此时此刻，销售顾问已经开始主导客户的思维了。

2.3 客户说:"我随便看看"怎么办

情景呈现

王子璐是明星汽车 4S 店的销售顾问,这一天王子璐正在店门口值班,店外来了一对 30 岁左右的夫妇。王子璐快速地迎了上去。

王子璐:"先生、女士,你们好!欢迎光临。有什么看好的车型吗?"

客户:"谢谢,我随便看看。"

于是两位客户就一起走到了 B 车前。

王子璐:"那有什么需要您随时叫我。"

后来,王子璐看到那位先生和女士一直都在仔细地看车,不时地打开车门,不时地打开发动机盖。可是,直到离开也没再和王子璐讲话。

① **错误话术 / WRONG TO SPEAK**

销售顾问:"先生,我们的产品是很专业的,随便看看你也看不明白,还是我来介绍吧……"

① **错误分析 / ERROR ANALYSIS**

强行介绍只会增加客户的压力和不适感,让客户选择离开。

② **错误话术 / WRONG TO SPEAK**

销售顾问:"……"(随便看看就随便看看吧)

② **错误分析** / ERROR ANALYSIS

如果销售顾问真的认为客户就是"随便看看"，那么客户看完了也就离开了。

IDEAS TO EXPLAIN
思／路／讲／解

V

如果客户刚走进展厅，在销售顾问提出高质量问题前，选择沉默不语，是因为销售顾问没有找到打开"话匣子"的方法。那么，在销售顾问已经明确提出"主动介绍""随便看看"和"到休息区"三个选项时，仍然选择"随便看看"的客户，一定是客户自身有更多的想法。

客户带着一包现金或一张储蓄卡来到店里，肯定是有购物的需求。但是，为什么他仍然不愿意主动开口说话呢？

因为他害怕被欺骗。

前面，我们介绍过，客户进到一个陌生的环境，自然会先产生一种自我保护的心理。所以，他此时正在寻找一个可靠的人。他要把这笔钱交给那个可靠的人，换回他所需求的商品。

客户说"随便看看"，主要的原因有以下三个方面：

（1）客户到了一个陌生的环境，心中有不安全感，正在熟悉环境。

（2）客户还不信任销售顾问，不愿意把想法说出来。

（3）客户害怕失去主动权，装作很懂的样子。

此时此刻，如果销售顾问就此不再搭理客户，只会让客户更没有安全感，最终丧失进一步沟通的机会。而如果过分主动的推销，又难以获得客户的信任。所以，此时销售顾问的核心，就是通过观察客户，找到最合适的契机再次与客户展开沟通。

常见的沟通契机有以下几类：

1. 当客户驻足观察某款车 30 秒以上

能够驻足观察，说明客户对这款产品可能有兴趣点，这时候销售顾问便可以抓住时机，上前与客户"搭讪"，但不要急于介绍产品。销售顾问可以这么说："先生，看您看这款车好久了。真有眼光，这是我们最热卖的产品……"

2．当客户查看产品说明和配置表

大多数汽车 4S 店展厅的展车前都会有简单的产品配置表，当销售顾问发现客户开始查看产品配置表时，便可以抓住时机与客户"搭讪"，同样不要急于介绍产品。销售顾问可以这么说："先生，看您一直在看这款车的配置说明，您可真专业啊，这个是简单的配置表，我这里还有一份详细的配置说明，我拿给您……"

3．当客户出现拉开车门、打开后备厢等动作

当客户与产品发生肢体接触时，说明客户对这款产品的兴趣点比较大，这个时候就成为销售顾问与客户接触的好时机。协助客户打开车门，引导客户坐进车内感受等都可以成为与客户进一步展开沟通的好借口。经验丰富的销售顾问还可以根据客户完成这些动作的一些细节，发现客户的需求点，适时地引导推荐后市场产品。

比如，一位女性客户在打开一辆 SUV 的后备厢后，由于身材娇小无法关闭。这时候，销售顾问可以一边协助客户关闭后备厢，一边说："现在很多 SUV 车的后备厢掀开都比较高，对于我们身材娇小的女士而言，关闭起来比较困难，如果要是能够用车钥匙遥控关闭，您看会不会很好。"那位女士说："那当然好了。"于是销售顾问就顺势介绍了一款后市场产品，加装遥控关闭后备厢功能。

综上所述，客户说"随便看看"并不是真的不愿开口，而是因为"不信任"等原因，让他选择性地保持沉默。这个时候销售顾问既不能不理不睬，也不能过分热情，寻找时机再次找到沟通的契机是最佳的方法。

① 优秀话术／EXCELLENT TALK

销售顾问（观察客户，发现客户驻足观察某款车超过 30 秒）："先生，看您看这款车好久了。真有眼光，这是我们最热卖的产品……"

② **优秀话术**／EXCELLENT TALK

销售顾问（观察客户，发现客户正在翻看车辆配置表）："先生，看您一直在看这款车的配置说明，您可真是专业啊，这个是简单的配置表，我这里还有一份详细的配置说明，我拿给您……"

③ **优秀话术**／EXCELLENT TALK

销售顾问（观察客户，发现客户正要拉开车门）："先生，我帮你。您还可以坐进车里感受一下，小心碰头……"（用手为客户遮挡头部，顺势蹲下）

优秀分析／ANALYSIS

与客户建立初步的沟通关键就是：好意、好话、好借口。面对"随便看看"的客户，就是要不断观察找到更多进一步沟通的"好借口"。

2.4 客户讲话提不起兴趣怎么办

情景呈现

王子璐是明星汽车 4S 店的销售顾问，这一天王子璐接待了一位 50 岁左右的男性客户，客户并没有此前看好的车，是想到店里来了解一下。于是，王子璐把客户带到了 A 型号的车前。

王子璐："先生，您看，这是我们现在最热卖的车。这款车采用了 V6 的发动机，动力十足。"

客户："哦。"

王子璐："另外，您还可以选配 HUD 系统，让您用语音就可以操控汽车。"

客户："哦。"

王子璐："……"

销售顾问（自顾自地介绍）："先生，您看，这是我们现在最热卖的车。这款车采用了 V6 的发动机，动力十足……"

面对提不起兴趣的客户，不考虑客户的心理，单纯地自顾自地介绍，只会让客户感到更加无聊。

> IDEAS TO EXPLAIN
> 思／路／讲／解
> ∨

销售顾问在卖力地介绍产品，可客户怎么也提不起兴趣，没有兴趣的话题是很难促成后续的成交的。

客户来买车，为什么会对销售顾问的介绍没有兴趣呢？

我们发现，客户购买任何产品，并不仅仅是购买产品的本身，而更多的是购买产品带给他的需求和好处。所以，简单的产品参数介绍，并不能有效提起所有客户的兴趣。

销售顾问在与客户初步沟通后，应该先找到客户的兴趣点，与客户聊他感兴趣的话题。特别要注意的是，客户感兴趣的话题既可以是和产品有关的，也可以是与产品无关的。

所以，面对提不起兴趣的客户，不要急于直接谈产品。只有先找到客户感兴趣的话题与客户流畅沟通后，才能更好地引导到产品的介绍环节。

常见的让客户感兴趣的话题有以下三种：

1. 客户的兴趣点

兴趣点是指客户的爱好、社会的热点、客户关心的人和事等。在与陌生人沟通的过程中，如果你可以准确地寻找到他的兴趣点，便很容易快速展开话题。

我们来看以下三个场景：

（1）销售顾问王子璐在引导客户停车的时候，无意中看到客户的车上放了一本书，书名是《道德经》，王子璐猜想这可能是客户最近正在阅读的书籍，自己刚好也阅读过《道德经》。于是，简单地与客户寒暄后，王子璐并没有急于去谈产品，而是问起了客户。

王子璐："张先生，我刚才无意中看到您车上有一本《道德经》，看来您对老子的思想很有研究啊。"

客户："最近在阅读这本书。"

王子璐："我也很喜欢老子的思想观点，尤其是他提到的无为……"

当谈到客户感兴趣的书籍时，他就开始滔滔不绝了。一来二去，王子璐和客户聊起了《道德经》，话题一下子打开了，等到再聊产品的时候，两人已经成了无话不谈的知己。这时候销售工作就变得容易多了。

（2）销售顾问王子璐接待了一位50岁左右的男性客户。

王子璐："先生，您准备买车是给自己开还是给家人开。"

客户："我是买给我儿子的，我儿子今年大学毕业，准备工作。"

王子璐："哇，您真有福气，您儿子是哪个学校毕业的啊？"

客户："北京大学。"

王子璐："太厉害了，您儿子看来是学霸级别的啊，您培养出这么优秀的儿子，一定没少花心思吧？"

客户："哈哈，我儿子非常争气的，从小啊……"

当谈到客户关心的人时，他就开始滔滔不绝了。一来二去，客户把自己的儿子着实地夸赞了一番，王子璐就当了一回热心的听众。等到再聊产品的时候，销售工作就变得容易多了。

（3）一位20多岁的女性客户来到店里，身边还带了一只白色的比熊犬。小狗走起路来摇摇晃晃，非常可爱。

王子璐："哇，美女，您的小比熊太可爱了，我可以抱抱它吗？"

客户："你抱吧。"

王子璐（温柔地抱起小狗）："太招人喜欢了，它叫什么名字啊？"

客户："叫嘟嘟。"

王子璐："我也特别喜欢小狗，我家里也养了一只。我觉得你这只狗的品种特别纯。"

客户："当然了，我们家嘟嘟是……"

当谈到客户喜欢的宠物时，她就开始滔滔不绝了。一来二去，王子璐和这位客户成了爱狗的同道中人。等到再聊产品的时候，销售工作就变得容易多了。

2．赞扬客户

兴趣点要靠销售顾问细心地去观察和挖掘。如果一时还找不准客户明确的兴趣点，那么可以尝试去赞扬客户，人们对于赞扬和褒奖的话，更容易引起兴趣。

我们来看以下两个场景：

（1）一位 40 岁左右的男性客户，开着一辆旧车来到店里，在协助客户停好车，简单的寒暄过后。

王子璐："张先生，看您刚才停车，那么小的车位，居然一把就倒入了，真是太厉害了，一看您就是老司机。"

客户："哈哈，不瞒你说开车 20 多年了。"

王子璐："我说嘛，我在车行工作这么久，开车技术好的我见过，但能像您这样，这个车位一把进的，您还是第一个，一定有独门绝技吧？"

客户："过奖了，哪有什么独门绝技啊，我跟你说，我开车啊……"

（2）一位 30 岁左右，打扮得非常精致的女性客户来到店里，王子璐接待了她，简单的寒暄过后。

王子璐："张小姐，我闻到您身上喷的是香奈儿 5 号的香水，这可款绝版的香水啊。"

客户："这你都能发现。"

王子璐："呵呵，上次有一位省领导的太太来到我们店，用的也是这款香水，是她和我介绍的。看来关注我们品牌的客户都是有品味的啊。"

客户（已经笑得合不拢嘴）："哪里，哪里！你真会夸人。不过这款香水确实是懂得欣赏的人才能理解……"

大多数人都喜欢被夸奖和称赞，喜欢和欣赏自己的人交流，找到一个可以赞扬客户的点，便可以有效地引起客户的兴趣。

3．请教客户

很多人都有一种"好为人师"的心理。有些人可能平时并不一定话很多，可一旦有人去请教他一些自己擅长的话题时，他就有兴趣了，于是就会滔滔不绝。

我们来看一个场景：

张先生到店看车，但似乎对车并不大了解，销售顾问王子璐介绍了几款热门车的性能，张先生都不是很感兴趣。交谈中，王子璐得知张先生是从事金融行业工作的。

王子璐："张先生，刚才您说您是从事金融行业工作的。刚好我可以向您请教一下，我最近看股票行情还不错，也在做一些投资，可是不怎么专业，不知道您能不能给现在的投资一些方向性的建议？"

客户："现在的行情切忌追偿杀跌，尤其是你们新入市的……"

王子璐："谢谢，谢谢！我今天真是遇到贵人了，您给我这么大的帮助，选产品上我今天也一定帮您挑一款最称心如意的。"

① **优秀话术／**EXCELLENT TALK

销售顾问："先生，我刚才无意中看到您车上有一本《道德经》，看来您对老子的思想很有研究啊。"

② **优秀话术／**EXCELLENT TALK

销售顾问："张小姐，上次有一位省领导的太太来到我们店，用的也是和您同款的香奈儿1号香水。看来关注我们品牌的客户都是很有品味的啊。"

③ **优秀话术／**EXCELLENT TALK

销售顾问："先生，刚才您说您是从事金融行业工作的。刚好我可以向您请教一下，我最近看股票行情还不错，也在做一些投资，可是不怎么专业，不知道您能不能给现在的投资一些方向性的建议？"

优秀分析／ANALYSIS

面对讲话提不起兴趣的客户，不要急于谈产品。而是通过寻找兴趣点、赞扬、请教的方法，引起客户的兴趣。

2.5 客户进店直接问车的报价怎么办

情景呈现

> 王子璐是明星汽车4S店的销售顾问，这一天一位40岁左右的男性客户来到店里，进门就指向了A车。
>
> **客户：**"这车多少钱？"
>
> **王子璐：**"12.98万。"
>
> **客户：**"有优惠吗？"
>
> **王子璐：**"现在有3000元的国家节能惠民补贴。"
>
> **客户：**"这个又不是你们给的优惠，你们自己的价格能优惠多少？"
>
> **王子璐：**"如果您今天订车，可以再优惠5000元。"
>
> **客户：**"有什么送的吗？"
>
> **王子璐：**"今天可以送一份价值5000元的全险。"
>
> **客户：**"还有吗？"
>
> **王子璐：**"还可以送一套价值3800元的DVD液晶屏导航。"
>
> **客户：**"还有吗？"
>
> **王子璐：**"最多再送一套价值500元的贴膜。"
>
> **客户：**"还有吗？"
>
> **王子璐：**"没有了。"

① 错误话术／WRONG TO SPEAK

销售顾问：这辆车总价 12 万元。

① 错误分析／ERROR ANALYSIS

面对进门就问价格的客户，切忌直接报价，而且报价尽量不要报整数。

② 错误话术／WRONG TO SPEAK

销售顾问：这辆车的优惠价是 11.2 万元。

② 错误分析／ERROR ANALYSIS

面对进门就问价格的客户，给出优惠的价格，在销售尚未开始，销售顾问就丧失了一部分谈判议价的空间。

③ 错误话术／WRONG TO SPEAK

销售顾问：这辆车的裸车价是 11.78 万元，加装精品另外收费。

③ 错误分析／ERROR ANALYSIS

面对进门就问价格的客户，切忌将整车和后市场产品分开报价，这样会使得在后期后市场产品推荐时丧失一部分议价空间。

④ 错误话术／WRONG TO SPEAK

销售顾问：优惠没有了，但是可以送导航。

④ 错误分析／ERROR ANALYSIS

面对进门就问价格的客户，切忌立即谈赠品，这样会给客户建立后市场产品都是赠送的心理，对后续后市场产品的推荐极为不利。

IDEAS TO EXPLAIN
思／路／讲／解

∨

客户直接询问价格是很正常的，但进店就询问价格往往都是惯性使然。直接询问价格，当销售顾问做出报价后，客户的下一个逻辑通常都是"太贵了，可以优惠吗？"这时如果销售顾问再给出优惠的价格，那么在销售尚未开始，销售顾问就丧失了一部分谈判议价的空间。同时，客户还会习惯性地索要赠品，此时如果销售顾问再继续给予赠送，那么对后续介绍推荐后市场产品会有巨大的阻碍，让客户产生后市场产品都是赠送的心理。

情景中的销售顾问，在完全还不了解客户是否有购买产品意向和需求的时候，就给客户让利了一万多元，这在后面的销售中将会非常被动。此刻的客户只是随意性的询价，销售顾问应采用"制约"的策略，控制话题，而不是一味地报价与优惠。

常见的制约有以下三种方法：

1. 先谈产品再谈价格

当客户进店就问价的时候，不要立即报价，而是争取把话题转移到产品上来。比如：

客户："这车多少钱？"

销售顾问："先生，我们先不要急着讨论价格，先看看它合不合适您，要是不合适您，价格再低也没用，不是吗？"

如果客户回答说已经看好了，那就询问他是否到过别的地方看车，还可以询问别的地方看得怎么样。如果回答说没有看好，那就先把车子看好再谈价格优惠的问题。如果客户回答都看好了，销售顾问可以把话题转移到是否确认订车上来。比如：

销售顾问："如果价格优惠今天都好商量，那么您打算今天就订车了吗？"

把客户对价格优惠的关注，转移到对购车时间的关注上去，然后就购车或提车时间做进一步的沟通。如果客户回答价格合适今天就可以订车。

那么销售顾问可以继续往后市场产品上进行引导。比如:

销售顾问: "那好,咱们看一下购车保险需要购买哪些险种? 另外贴膜选装哪个品牌? 是否要加装导航? ……因为,您选的加装品不同,车辆的优惠幅度也会有所不同。"

这个时候,销售顾问就把客户引导到后市场产品上来了。并且,把后市场产品和整车打包进行销售。

总之,就是在不断明确客户的真实需求,而不是一味地报价。

2．大吃一惊报价法

对于有些明确表示不愿意先谈产品,一定要求报价的客户,也不必强求于产品的本身,那就给客户报价吧。但报价前加一句让客户觉得大吃一惊的制约话题。比如:

客户: "这车多少钱?"

销售顾问: "您真有眼光,这车可不便宜。"

这句回答看似简单,但是,瞬间降低了客户后期议价的心理预期,即使报了价,也为后期价格协商谈判埋下了伏笔。

3．悲观暗示法

对于一进门就问优惠的客户,既不要直接拒绝,也不要直接报价。在报价前加一个悲观暗示的制约话题。比如:

客户: "这车有优惠吗?"

销售顾问: "哎哟,先生,您真是会选车呀,这可是我们店里最畅销的车型,现车没有几辆了,价格优惠也没多少了。"

这么一说,就会给客户一个暗示,要说价格没有优惠,那也不可能的,只是不多了而已,降低了他对价格优惠幅度的期望,这样客户在后期的砍价就不太可能下手太狠。

① 优秀话术／EXCELLENT TALK

销售顾问: "先生,我们先不要急着去讨论价格,先看看它合不合适您,要是不合适您,价格再低也没用,不是吗?"

② **优秀话术**／EXCELLENT TALK

销售顾问："您真有眼光，这车可不便宜。"

③ **优秀话术**／EXCELLENT TALK

销售顾问："哎哟，先生，您真是会选车呀，这可是我们店里最畅销的车型，现车没有几辆了，价格优惠也没多少了。"

优秀分析／ANALYSIS

面对进门就询问价格的客户，用"先谈产品再谈价格""大吃一惊报价法""悲观暗示法"的方法去"制约"客户。

需求探询环节——挖掘后
市场产品的推荐方向

3.1 了解客户对后市场产品的需求

<table>
<tr><td rowspan="1">情景呈现</td><td>

王子璐是明星汽车 4S 店的销售顾问，这一天王子璐接待了一位 20 岁左右的男性客户。客户看上了一辆时尚型的 SUV。在车辆介绍完成后，王子璐开始向客户推荐后市场产品。

王子璐： "张先生，需要加装车辆的大包围吗？这样整个车的外观可以显得特别霸气。"

客户： "这个，我觉得不用了。"

王子璐： "那您可以考虑加装导航，这个是咱们行车必备的。"

客户： "导航，我觉得还是手机导航比较方便。"

王子璐： "那也没关系。那您看看我们购车有金融贷款服务，而且现在有优惠，利率和手续费特别低……"

客户： "不用了，我一次性付全款就好了。"

王子璐： "……"

</td></tr>
</table>

错误话术 ╱ WRONG TO SPEAK

销售顾问："张先生，您需要给车加个大包围吗？"

错误分析 ╱ ERROR ANALYSIS

没有经过客户信息了解和需求分析的推荐，往往都是事倍功半。

```
IDEAS TO EXPLAIN
思╱路╱讲╱解
```
∨

销售顾问对客户推荐后市场产品，一定要基于客户需求的基础上。所以，销售顾问在客户车辆选择的时候，应该主动去了解客户对于后市场产品的需求点，然后在介绍车辆时，同时进行推介。如果像上述情景中，销售顾问在客户选定车辆后，再去依次推介后市场产品，就大大降低了推介的成功率。

销售顾问需要了解的客户信息主要包括以下两个方面：

基本信息	1	姓名
	2	性别
	3	年龄
	4	职业
	5	家庭特征
拓展信息	1	购车用途
	2	消费偏好
	3	用车场所
	4	个人爱好

1．基本信息

（1）**姓名：**姓名的了解是最基本的客户信息，也是为客户服务中对客户礼貌称呼的基础。

（2）**性别：**性别不同决定着客户的车辆的选择和后市场产品选择的

不同。一般来说，男性客户更倾向于汽车功能方向的提升，在后市场产品的推荐中更适合推荐电子类产品。而女性客户则更倾向于汽车装饰与外观方向的提升，在后市场产品的推荐中更适合推荐装饰类产品。

（3）**年龄**：年龄不同也决定着客户的车辆的选择和后市场产品选择的不同。一般来说，年轻的客户喜欢汽车的外观与性能方向的产品，比如：加装大包围、更换轮毂、加装尾翼等。而年龄较长的客户则更看重车辆的功能便捷性，比如：加装电动开启后备厢、一键启动等。

（4）**职业**：通过客户的职业既可以了解客户对产品的需求取向，也可以大致判断客户的购买方式。比如：像公务员、教师这类有着稳定收入的群体，就可以向他们推荐更高档次的车辆，建议客户"一步到位"，继而推荐金融类产品。

（5）**家庭特征**：客户是单身还是夫妻，抑或是三口之家，再或是与父母同住都决定着客户车辆使用的不同需求点。宝宝很小的家庭可以推荐儿童安全座椅，宝宝大一些的家庭可以推荐车内的娱乐系统，有老人的家庭可以推荐迎宾踏板等。

2．拓展信息

（1）**购车用途**：购车用途更是决定着客户对于车辆附加产品的需求。一般来说，普通的市内代步用途的客户，就特别重视车辆的外观与内饰，这时候汽车内饰与外饰的加装推荐更符合他们的需求。而经常跑长途的客户，则会对车辆安全与养护非常关心，此时 GPS 导航及后续的车辆养护套餐就成为他们的首选。

（2）**消费偏好**：客户对于其他产品及品牌的消费偏好也可以看出他对于车辆及后市场产品消费的需求与偏好。比如：一个喜欢运动品牌服饰的客户，你就可以给他推荐运动包围这类运动系的后市场产品。而一个追求品质消费的客户，则可以为他介绍美容养护、漆面护理等后市场服务。

（3）**用车场所**：了解客户的用车场所可以有效地认识客户对汽车产品性能的需求。比如：经常跑越野、工地及其他复杂路况的客户，就可以强调保险产品中救援服务优势，也可以推荐定期的四轮定位等服务。而经常在户外非正规停车场的客户，则可以强调保险产品中的划痕险等服务。

（4）**个人爱好**：车是一个人或一个家庭生活半径的延伸，个人爱好同样也可以从侧面反映出客户的需求。比如：一个喜爱户外运动的客户，往往会经常开着他的爱车去野外自驾游。这时候，像胎压计、折叠桌椅、车载冰箱等适合户外的用品都可以作为后市场产品进行推荐。

由此，我们可以看出，无论是卖车还是卖后市场产品，销售顾问都不能盲目地推荐，了解客户的相关信息，把握客户的真实需求是成功销售的核心。作为 4S 店的销售顾问，在了解客户购车需求的同时，更应该把握住机会，了解客户对于后市场产品的需求。然后在后续介绍车辆的时候同时推荐，可以取得事半功倍的效果。销售顾问要坚信，销售汽车后市场产品不是路边汽配店的专利，其实 4S 店更有优势，如果你卖得还不够好，可能是因为你对客户需求的把握还不够透彻。

优秀话术／EXCELLENT TALK

销售顾问："张先生，经常去野外自驾游是吗？"

客户："是的。"

销售顾问："那去到陌生的地方使用 GPS 导航的频次多吗？"

客户："当然了。"

销售顾问："那张先生以前都是用哪种导航，车载导航还是手机导航？"

客户："我以前都用手机导航。"

销售顾问："那用手机导航有没有什么感到不方便的地方，比如：接电话、充电之类的。"

客户："是的，来电话时不大方便，而且耗电快，另外手机屏幕也比较小，放置也不大方便。"

销售顾问："您使用 GPS 导航的频次这么多，手机导航又有诸多不便，为什么当初没有选择一款车载导航呢？"

客户："车载导航也有弱点，比如更新不及时，无法显示实时路况。"

销售顾问："如果有一款车载导航可以及时更新并能显示实时路况，

你是会选择手机导航还是这款车载导航呢？"

客户："如果价格合适，我肯定选择车载导航。"

优秀分析／ANALYSIS

整段话术，销售顾问没有做任何的推荐，只是在不断地向客户提问。然而，就是在问的过程中，一步步地寻找到客户的需求点。尤其是销售顾问在明确了客户对手机导航的不满意点后，并没有马上去推荐车载导航，而是让客户告知自己对车载导航存在的疑虑点。这样销售顾问在后续推荐产品时，可以先行帮助客户解决其疑虑点。优秀的销售，只要有效的探询需求，产品就很自然的推荐出来了。所以，客户最后才会主动说出："如果价格合适，我肯定选择车载导航。"

3.2　了解客户的预算

情景呈现

王子璐是明星汽车 4S 店的销售顾问。这一天，王子璐在给一位 20 多岁的女性客户介绍完车后，得知客户有加装 GPS 导航的需求，于是推荐起了导航产品。

王子璐："陈小姐，我建议你加装我们 A 品牌的这款导航。这款导航不仅有精准的 GPS 功能，还有安卓系统的娱乐功能，更重要的是，它有 360 度的全景影像，这样可以监控到全车 360 度无死角……"

客户："不错，这款导航加装多少钱？"

王子璐："这款导航您现在加装，优惠价只要15 800 元。"

客户："多少？"

王子璐："15 800 元啊。"

情景呈现	**客户：** "太贵啦，太贵啦。我以为导航加装只要两三千元呢。"
	王子璐： "您要的两三千元的也有，你可以加装 D 品牌的导航。这款导航价格就便宜多了……"
	客户： "价格相差这么多，会不会质量不行？"

① 错误话术／WRONG TO SPEAK

销售顾问："您为什么不肯告诉我您的预算呢？"

① 错误分析／ERROR ANALYSIS

这样的语气太生硬，有埋怨和强迫的成分，让客户感觉销售顾问很不耐烦。

② 错误话术／WRONG TO SPEAK

销售顾问："您告诉我没关系的，不就是一个数字嘛？"

② 错误分析／ERROR ANALYSIS

这样的语气太具有挑衅性，容易引起客户的不满。

③ 错误话术／WRONG TO SPEAK

销售顾问："您告诉我吧，否则我很难为您推荐合适的导航。"

③ 错误分析／ERROR ANALYSIS

这句话含有威胁客户的成分，透露出"假如您不说出预算，我就停止服务"的意思，这样只会令客户更加反感。

IDEAS TO EXPLAIN
思／路／讲／解

∨

　　了解客户的预算，对于销售顾问有效地推荐产品非常重要。尤其是对于汽车后市场产品的销售。因为，汽车后市场产品的品牌众多，价格更是参差不齐。

　　作为销售顾问，当然都愿意去推荐品牌知名度高，价格相对较高的产品。可是如果销售顾问不了解客户的预算和价格预期，一味地去推荐最顶级的产品，就很容易产生上述情景中的问题：客户无法接受过于昂贵的产品，然而当销售顾问再去推荐相对便宜的产品时，会给客户带来极大的心理落差，甚至担心产品的质量问题。

　　销售顾问在推荐产品前，一定要先了解客户的预算，再根据预算做有效推荐。但是，比起其他信息，客户通常更不愿意主动透露他们的预算。他们往往认为，如果提前暴露了预算，就等于主动放弃了讨价还价的余地，担心销售顾问掌握价格上的主动权，从而损害自己的利益。

　　所以，在没有互相信任的情况下，销售顾问无论怎样套话，客户都不愿意说出预算。为了让客户抛开顾虑说出预算，销售顾问需要耐心解释询问原因，并给出自己的专业建议，从而获得客户的信任。

优秀话术／EXCELLENT TALK

　　销售顾问："张先生，我希望您不要有顾虑。公司请我来，就是要为您做更好的服务的。购买汽车配件就和点菜一样，不同的人需求差异太大了。就以车载导航为例，目前市场上可供选择的品牌和型号太多了，面对辞典一样的说明书和搞不懂的数据，您可能就挑花眼了。而我们销售顾问就像餐厅里的点菜员，可以根据您的要求和消费额度给您专业的建议。不但为您节省时间，还让您明明白白地消费。您看，你期待加装的导航价位是多少呢？"

优秀分析／ANALYSIS

（1）理解客户的顾虑，对提出这个问题表示歉意。

（2）向客户说明询问预算的理由。

（3）给客户解释时尽量诚恳。

3.3 客户是否是购买的决策者

情景呈现

王子璐是明星汽车 4S 店的销售顾问。这一天上午9：00，王子璐接待了一位 30 岁左右的男性客户。客户的购买意愿看起来非常强烈。王子璐带着客户又是试车，又是演示加装的后市场产品，忙得中午饭都没来得及吃。

转眼，已经到了下午 3：30，了解好了车辆，选配好了精品，谈判好了价格，王子璐想：忙了一天终于可以成交了。于是，他来到办公室拿出了销售合同，来到客户面前。

王子璐："张先生，您对今天的车辆选择还有什么其他问题吗？"

客户："没有了。"

王子璐："那您对我今天的服务满意吗？"

客户："非常满意。"

王子璐："谢谢！那您看没问题的话，咱们今天把订车合同签了吧？"

客户："这个，今天我还不能和你签。"

王子璐："为什么？不是没有什么问题了吗？"

客户："买车这件事，我要回家和太太商量一下。"

| 情景呈现 | 看到一天的努力，不能立刻成交，王子璐有些失落更有些着急。
王子璐： "买车不是你决定吗？"
客户： "我们家这类事通常是我太太做决定。" |

① **错误话术** / WRONG TO SPEAK

销售顾问："这款导航您满意吗？"

① **错误分析** / ERROR ANALYSIS

问题问得太晦涩，容易让客户随口应付，得不到了解购买决策者的真实信息。

② **错误话术** / WRONG TO SPEAK

销售顾问："您可以自己做主吗？"

② **错误分析** / ERROR ANALYSIS

这种提问语气生硬，没有礼貌，很容易激怒客户，让客户觉得没有面子。

③ **错误话术** / WRONG TO SPEAK

销售顾问："您看中后还需要其他人来看吗？"

③ **错误分析** / ERROR ANALYSIS

这样的提问表面上来看比较有礼貌，但由于没有前后语境的呼应，实际上还是对客户权威的一种挑战。

┌─────────────────────┐
│ IDEAS TO EXPLAIN   │
│ 思／路／讲／解   │
└─────────────────────┘
∨

对于中国现在众多的家庭而言，汽车类消费仍属于昂贵的消费品。绝大部分家庭对于购车这一消费还是十分谨慎的。消费者购车决策是个长时间的复杂过程，需要获得各方面的信息，征求各方面的意见和建议。

因此，对于销售顾问而言，了解谁具有购买决策权无疑能大大节省销售顾问的时间和精力。上述情景当中的销售顾问，就是因为没有提前了解产品的购买决策者是谁，在没有决策权的客户身上浪费了大量的时间和精力，最终无法及时成交。

当然，我们并不是说销售顾问不需要重视没有购买决策权的消费者，因为每个相关成员的意见和建议都会对最终的购买行为有重大影响。但是，如果销售顾问了解了购买决策者是谁，就可以采用不同的策略，分别应对。对于没有决策权的消费者，更多是以礼貌接待、产品吸引、与其建立意见同盟的方式去应对。而对于购买的决策者，则更需要注重价格的谈判、销售的协议达成等。

与此前的需求探询一样，了解客户是否是决策者，同样需要通过询问的形式去了解。询问的话术、语气和态度决定着客户是否愿意给你真实有效的信息。这一类问题如果问得太晦涩，容易让客户随口应付，得不到有效答案。比如：

销售顾问："咱们这个导航您满意吗？"

客户："满意。"

满意，并不等于要购买。这样的提问效果有限。

而这一类问题如果问得太生硬，又容易让客户觉得没礼貌。尤其是对于没有决策权的客户，会觉得伤了面子。比如：

销售顾问："先生，买这款车你自己可以做主吗？"

所以，这类问题的发问要注意以下几点：

（1）让客户体会到是为他着想。

（2）不伤客户面子。

（3）合适的时机提出。

优秀话术 ／ EXCELLENT TALK

销售顾问："张先生，买车在家里也算是一件大事，您不需要和家人再商量一下吗？自己就可以决定了？"

客户："我还需要和太太商量一下。"

销售顾问："您真是个好丈夫，考虑家人的意见是对的，因为车是家里的共有财产，也是家庭和睦的基础。那您决定的时候是要和太太一起过来吧？"

优秀分析 ／ ANALYSIS

这样的问话前后有一个语境氛围，显得非常自然。同时，告诉客户是在为他考虑。当客户提出需要参考太太意见的时候，销售顾问再次确认是否要和太太同时到店才能做决定。

3.4　了解客户的付款方式

情景呈现

王子璐是明星汽车 4S 店的销售顾问。这一天，王子璐接待了一位 20 岁左右的客户。在对车辆的基本性能进行过介绍后，王子璐想了解一下客户是打算一次性付款还是按揭付款。如果是按揭付款，王子璐打算再向其推荐一款优惠的金融贷款产品。

王子璐："张先生，您这款车是按揭付款吧？"

客户："你问这个干嘛？"

王子璐："我们这儿有个金融贷款产品推荐给您……"

客户有些不高兴地说："这点钱，我还要贷款吗？"

① **错误话术 ／** WRONG TO SPEAK

销售顾问："您是一次性付款吧？"

① **错误分析 ／** ERROR ANALYSIS

这样直接的问话对于那些选择按揭付款的客户来说，也许会觉得很伤面子，引起客户的反感。

② **错误话术 ／** WRONG TO SPEAK

销售顾问："您是准备按揭付款吧？"

② **错误分析 ／** ERROR ANALYSIS

付款方式是一个敏感的话题，这种提问语气生硬，没有礼貌，容易引起客户的反感。

③ **错误话术 ／** WRONG TO SPEAK

销售顾问："您是一次性付款还是按揭付款呢？"

③ **错误分析 ／** ERROR ANALYSIS

这样的提问表面上来看比较有礼貌，但由于没有前后语境的呼应，实际是还是显得非常的唐突。

IDEAS TO EXPLAIN
思／路／讲／解
∨

付款方式是销售顾问在推荐汽车及其后市场产品过程中必须了解的客户信息之一，也是挖掘客户购车需求信息的重要内容。因为付款方式的不同，决定着4S店销售利润的不同，在后期协商议价的空间也有所不同。

如果客户选择按揭付款的方式，销售顾问还有机会做更多的推荐：

（1）因为是按揭付款，在车辆配置的选择上，可以推荐更高端的配置，提前消费一步到位。

（2）可以结合客户的实际情况，向客户推荐适合其后市场的金融贷款产品服务，帮客户达成最高性价比。

（3）因为是按揭付款，可以帮助客户在店内多挑选一些后市场产品，包括车辆的加装配饰及后续的保养服务等。这样后市场产品也可以同时享受到按揭付款的利益。

但是，付款方式也是一个比较敏感的话题，直接询问容易引起客户的戒备心理。因此，在询问客户付款方式之前，要准备好充分的理由，做好解释工作，以坦诚的态度，令客户信服的理由，逐渐消除客户的疑虑和防备。

① 优秀话术／EXCELLENT TALK

销售顾问："张先生，买车相对也是个大数目。我们有些客户喜欢一次性付款，这样方便快捷，但是一下子可能会占用很多资金。也有些客户选择按揭付款，虽然要多支付一些费用，但可以省出不少流动资金用于其他项目的投资。您这边计划怎么选呢？"

② 优秀话术／EXCELLENT TALK

销售顾问："张先生，冒昧地问一下您是选择一次性付款还是按揭付款？之所以现在这么问您，是因为如果选择按揭付款最好提前办理，如果等到签订合同的时候再告知，手续会耽误好几个星期，主要是怕影响到您的用车时间。"

优秀分析／ANALYSIS

这样的问话，是在提问前加上一个解释说明，对客户可能引起的不满先行求得谅解，说明提问的原因是基于客户的利益出发，为客户着想。

3.5　客户不愿意告知自己的信息怎么办

情景呈现

王子璐是明星汽车 4S 店的销售顾问。这一天，王子璐接待了一位 35 岁左右的男性客户。在基本的寒暄与问候之后，王子璐准备按流程了解客户的一些相关信息，以便明确客户的需求点。

王子璐："先生，您是做什么工作的？"

客户："这和买车有什么关系吗？"

王子璐："不好意思，那您家里有小朋友吗？多大了？"

客户："我为什么要告诉你？"

王子璐："我只是问一下您的资料，会为您保密的。"

客户："……"

① **错误话术／**WRONG TO SPEAK

销售顾问："您是做什么工作的？"

① **错误分析／**ERROR ANALYSIS

这样直接的问话太过唐突，没有给客户舒适与缓冲的感觉，拒绝回答率很高。

② **错误话术／**WRONG TO SPEAK

销售顾问："您为什么不愿意留下信息呢？"

② 错误分析／ERROR ANALYSIS

这种直白的问话，特别容易引起客户的反感，客户很可能直接丢下一句"没必要"或"我就是不想说"，然后离开。

③ 错误话术／WRONG TO SPEAK

销售顾问："我们会为您的信息保密的。"

③ 错误分析／ERROR ANALYSIS

这样的提问表面上来看是为了让客户放心，可单纯的承诺，没有实质的保障措施难以让人信服。相反，可能还会提醒客户，要保护好个人信息，防止日后被你骚扰。

IDEAS TO EXPLAIN
思／路／讲／解

∨

探询客户的真实需求，离不开了解客户的相关信息。可是并不是每个客户都愿意将自己的信息都告知销售顾问。

客户不愿意留下自己的相关信息，主要是对接待的销售顾问及 4S 店的信任度不够，害怕日后被骚扰，或害怕资料外泄给自己带来不必要的麻烦。

对于那些防备心较重，不愿主动留下自己的相关信息的客户，如果销售顾问只是提出简单的问题，比如：您是做什么工作的？是无法得到满意的答案的。因此，销售顾问需要根据客户的心理特点，使用一些话术技巧。

常见的话术技巧有以下两种：

1. 绝对结论

很多时候，销售顾问直接去问客户一些问题，客户未必愿意立即回答。但基于人们谈话的心理特点，如果学会使用一些绝对结论的方法，有可能让客户自己主动给出销售顾问想要的信息。

我们以询问客户的职业为例。如果直接对客户提问："先生，您是做什么工作的？"问题非常的唐突，客户可能会选择拒绝回答。如果采用绝对结论的方法，比如：

销售顾问："先生，看您的气质像是做律师的吧？"

客户："不是，我是公务员。"

这句"先生，看您的气质像是做律师的吧？"就是使用了绝对结论的方法。先做一个假设进行发问，如果这个假设正确很多客户会直接回答"是"。即使这个假设不正确也没关系，因为根据人们的语言习惯，往往在回答"不是"以后，喜欢加上一个补充。这句补充"不是，我是公务员。"就恰好是销售顾问想要的信息。

有的时候，客户未必会在销售顾问第一次采用绝对结论后，就立即加以补充，这时销售顾问可以继续采用绝对结论的方法提问。比如：

销售顾问："先生，看您的气质像是做律师的吧？"

客户："不是。"

销售顾问："哦，那您一定是教师吧？"

客户："也不是。"

销售顾问："也不是啊，那我猜一定是记者？这回没错了吧？"

客户："呵呵，还不对。我是公务员。"

当销售顾问连续采用绝对结论时，客户就会不自觉地把自己的相关信息告诉给销售人员。

使用绝对结论还要注意以下两点：

（1）使用绝对结论的问话语气要柔和，要在不经意间，像聊天一样的感觉。如果采用刻意的语气，会增加客户的防备心理。

（2）使用绝对结论的次数尽量不要超过三次，如果三次客户都没有给你想要的信息，说明客户有可能是有意不透露信息。再继续下去，容易让客户反感。这时候需要采用其他的话术技巧。

2．解释铺垫

客户不愿意告知销售顾问自己的相关信息，往往是出于自身的防备心理。适当的解释和铺垫，可以缓解客户的防备心，告诉客户了解他的相关信息是为了更好地帮助他。

解释铺垫的话术，一般分为以下三个步骤：

（1）**询问担忧**。销售顾问："张先生，您不愿意告诉我们您的信息，是因为有担忧吧？"

（2）**强调普遍性**。销售顾问："其实，很多客户聊到这个问题时，一开始都会因为担心信息泄露等原因，不愿意告诉我们。"

（3）**说明原因**。销售顾问："但是，我们都会告诉客户，了解您的信息绝对不是为了日后骚扰您或泄露您的信息，而是车辆和配件产品的选择实在是太复杂了，而我们都是专业的销售顾问，多了解一些您的信息可以帮你做出合适性价比的选择。"

担忧是可以化解的，一些有效的铺垫加上如实的解释，是可以换来客户的信任的。

① **优秀话术／EXCELLENT TALK**

销售顾问："先生，看您的气质像是做律师的吧？"

② **优秀话术／EXCELLENT TALK**

销售顾问："张先生，您不愿意告诉我们您的信息，是因为有担忧吧？其实，很多客户聊到这个问题时，一开始都会因为担心信息泄露等原因，不愿意告诉我们。但是，我们都会告诉客户，了解您的信息绝对不是为了日后骚扰您或泄露您的信息，而是车辆和配件产品的选择实在是太复杂了，而我们都是专业的销售顾问，多了解一些您的信息可以帮你做出合适性价比的选择。"

优秀分析／ANALYSIS

（1）使用绝对结论，让客户主动给出信息。

（2）用铺垫的方法强调客户顾虑的普遍性，反而可以降低顾虑。

（3）用解释的方法打动客户，换取客户的信任。

产品介绍环节——创造后市场产品带来的价值

4.1 介绍车载加装类后市场产品

情景呈现

王子璐是明星汽车 4S 店的销售顾问。这一天，王子璐正在为一位 30 岁左右的女性客户介绍加装一款自动开启汽车后备厢的功能产品。

王子璐："张小姐，这款自动开启后备厢的功能产品可以让你非常方便实用。"

客户："怎么样自动开启呢？"

王子璐："哦，这个功能是利用 RFIB 技术自动开启的？"

客户："什么技术？我听不懂。"

王子璐："RFIB 就是可以与你车钥匙自动感应。"

客户："你说的太复杂了，我不明白，可能我也没什么太大的需要吧。"

① 错误话术／WRONG TO SPEAK

销售顾问："这项加装的功能采用的是 RFIB 技术。"

① **错误分析／ ERROR ANALYSIS**

客户购买产品是为了给他带来利益和好处，不是来学习技术参数的。

② **错误话术／ WRONG TO SPEAK**

销售顾问："车选好了，咱们再来看看要加装哪些后市场产品吧。"

② **错误分析／ ERROR ANALYSIS**

4S店后市场产品介绍的最佳时机不是在整车销售完成后再单独介绍，而是与整车销售捆绑在一起进行产品介绍，才会有更好的效果。

IDEAS TO EXPLAIN
思／路／讲／解

∨

了解了客户的需求后就可以进行产品介绍了。对于 4S 店的后市场产品而言，介绍产品的时机非常重要。如果销售顾问把握好产品介绍的时机，并采用有效的话术，成交的机会就会大幅度提升。

汽车后市场的产品繁多，归纳一下大致可以分成以下三类：

（1）车载加装类

（2）服务类

（3）售后保养类

每一类产品的介绍时机和要点也有所不同。本节我们重点讲解车载加装类产品的介绍方法。车载加装类产品主要是指加装在整车上的装饰类、电子类产品。用以提升车辆的美观度或功能型。比如：迎宾踏板、车载导航、自动开启后备厢功能、大灯随动转向功能等。既然是提升车辆本身优势的产品，那么在介绍整车的同时介绍最为合适。这样可以给客户一个完整的车辆体验感受。

同时，销售顾问还要清楚，客户购买整车和加装的后市场产品都不是为了产品的本身，而是基于客户的需求产品带给其的利益和好处。所以，在产品介绍时重点并不是那些深奥的产品参数，而应该体现产品的价值。像上述情景中，过分地强调产品技术的本身，只会让客户更加难以理解。

体现产品价值可以采用 NFABI 介绍方法：

（1）N：Need（需求）

（2）F：Features（特点）

（3）A：Advantages（优点）

（4）B：Benefits（利益）

（5）I：Impact（场景冲击）

首先抓住客户的需求点，其次讲解产品能满足其需求的特点及优点，再次重点诠释拥有这款产品后带给客户的利益改变，最后通过一个故事的形式描绘一个场景，给客户直观的冲击，提升客户的购买欲望。

优秀话术／EXCELLENT TALK

销售顾问："张小姐平时去超市或商场购物多吗？"

客户："非常多？"

销售顾问："那平时购买的东西提在手上，打开车辆后备厢时有什么不方便吗？"

客户："找钥匙，拉开行李箱很麻烦，碰到下雨天就更麻烦了。"

销售顾问："我们这款车你可以加装一个自动开启后备厢的功能，帮你解决这个烦恼。"

客户："怎么办到呢？"

销售顾问："加装了这个功能后，你打开后背厢时就不需要再拿出钥匙，只要钥匙带在身上，你轻轻碰触后备厢，后备厢会自动开启。这样，你即使提着再多的东西，也可以从容开启后备厢。"

客户："真的有这么好的功能吗？"

销售顾问："当然。张小姐，您想啊，在一个下雨天，您打着伞，抱着孩子，提着购物篮从超市出来，来到停车场。看着旁边的人都还在手忙脚乱的找钥匙。而您，只要走到车尾部，后备厢就自动打开了，您优雅自如地把购物篮放进车里，上车、发动、离开，这一系列的动作让您多有面子啊。"

客户："这么好的功能，我要加装一个。"

优秀分析／ANALYSIS

自动开启后备厢功能，本是一个技术相对较为复杂的功能产品。而且这个功能是加装在车辆电子系统内部，不能让客户直观地看到，所以有不少销售顾问反映不容易推荐成功。而采用了 NFABI 的介绍方法，在介绍整车后备厢的同时，就把这款后市场产品推荐出去了。

4.2　介绍服务类后市场产品

<table>
<tr><td>情景呈现</td><td>王子璐是明星汽车 4S 店的销售顾问。这一天，王子璐正在为一位客户介绍一款购车金融贷款服务产品。

王子璐："张先生，您是一次性付款还是按揭付款呢？"

客户："一次性付款。"

王子璐："其实我们有一款按揭贷款类的产品，不用一下子占用您那么多资金。"

客户："那我是不是要多付利息和手续费？"

王子璐："那是当然。"

客户："那我就不需要了。"</td></tr>
</table>

① **错误话术**／WRONG TO SPEAK

销售顾问："先生，您是一次性付款还是按揭付款呢？"

① 错误分析／ERROR ANALYSIS

这样的询问太过直接，容易引起客户的反感，同时也无法更好地推进后续产品的介绍。

② 错误话术／WRONG TO SPEAK

销售顾问："先生，我给您介绍一下我们的金融贷款服务吧？"

② 错误分析／ERROR ANALYSIS

在没有前后语境，没有创造需求点的情况下直接介绍产品，是很难打动客户的。介绍服务类产品的时机应放在议价谈判的环节，把整个购车的流程与相关服务结合起来，形成一个整体。

IDEAS TO EXPLAIN
思／路／讲／解
∨

本节我们重点介绍服务类后市场产品的介绍方法。

服务类的后市场产品，主要是指客户在购车过程中衍生出的一些服务。常见的服务包括：汽车保险服务、金融贷款服务、二手车置换服务等。比起车载加装类产品，4S 店在服务类产品销售过程中更有优势。因为这类产品是伴随着整个购车流程进行的。但随着互联网营销的发展，4S 店服务类产品也受到了一定的冲击。比如：保险产品的电话销售，二手车置换的互联网平台等。

因此，对于服务类产品的介绍，4S 店更应突出的是差异化，对客户强调在 4S 店购买此类服务与其他平台购买的独特优势。与车载加装类产品不同，介绍服务类产品的时机应放在报价的环节，把整个购车的流程与相关服务结合起来，形成一个整体。

同时，服务类产品的介绍还要通过引导的方式创造客户的需求。我们前面在讲需求探询的时候提到，首先要了解客户的需求点，然后根据客户的需求介绍产品。但有些时候，客户某些需求点未必都是直观展示出来的，有可能是潜在的需求点，这时候就需要销售顾问去激发这个需求点，这叫作创造需求。

如果销售顾问不去主动创造需求，就像上述情景呈现中提到的金融类产品推荐，客户反而会把你推荐的产品当成负担，自然的选择拒绝。

下面看看通过创造客户需求的介绍话术，有什么不一样的效果：

客户给到销售顾问的需求点是购买一辆 30 万元左右基础配置的 SUV，对于越野型和电子产品的功能性要求不多。但是，在沟通中销售顾问发现，客户是一个年轻人，对于新功能和电子产品本是非常感兴趣的。之所以客户提出没有太多的需求，主要是基于预算，因为预算有限，所以只得放弃一些个人的喜好。

那么，此时销售顾问可以通过金融贷款类产品的推荐，重新点燃客户的需求。销售步骤如下：

（1）询问客户在预算充足的情况下是否愿意有更高的选择。

（2）向客户介绍金融产品。

（3）通过计算帮客户分解费用。

后市场服务类产品的介绍与整车销售流程是相辅相成的。销售顾问看似是在为客户推荐更高配置的车型，但实际已经把金融贷款服务产品推荐出去了。而客户一旦选择了金融贷款产品，流动资金充裕了，还能促进其他后市场产品的销售。

优秀话术／EXCELLENT TALK

销售顾问："张先生，这么说来如果预算充足，或者有足够的流动资金，您更希望选择一款高配置的车是吗？"

客户："那是当然。"

销售顾问："我们现在有一款金融服务产品可以帮到您。"

客户："你说说看？"

销售顾问："您看，如果您选择了高配置的车型，那么车的总价就是 36 万元，然后你再选择我们的金融产品服务，最高只用首付三成也就是不到 12 万元，就可以把您更喜欢的车带回家了，后面的费用您可以分 24 个月还清。车是长期使用的产品，因为一时的资金问题没有选择自己最喜欢的配置，等到资金充裕了再去更换可就不方便了。何不通过金融产品，让自己在购车当初就一步到位，提前享用呢？"

客户："这样不错。"

优秀分析／ANALYSIS

首先挖掘到客户的潜在需求点，然后利用产品帮客户创造需求，并且把服务类产品的介绍绑定在报价环节中进行，形成了一个有机的整体。

4.3 介绍售后保养类后市场产品

情景呈现

王子璐是明星汽车 4S 店的销售顾问。这一天，王子璐卖出了一辆售价 13 万元的家用轿车。刚刚和客户签订完购车合同，王子璐准备再向客户介绍一下关于后期的车辆清洗与美容服务的套餐。

王子璐： "恭喜张先生购得新车，张先生后期在用车过程中还需要经常洗车和保养吧。"

客户： "当然了。"

王子璐： "我们这儿正好有一款汽车美容套餐，对新购车的客户有优惠，您可以关注一下。"

客户： "洗车，我在家门口的店就可以了。"

<table>
<tr><td>情景呈现</td><td>

王子璐: "我们的套餐价格优惠,而且洗车更干净,您回来洗车还送您……"

客户: "我先开一段时间,需要的时候我再回来看看,今天先不用了。"

</td></tr>
</table>

① **错误话术/ WRONG TO SPEAK**

销售顾问: "您还需要购买后续的洗车美容服务吗?"

① **错误分析/ ERROR ANALYSIS**

售后保养类的后市场产品介绍,如果作为单独的产品进行介绍,4S店并不占优势。客户很可能直接回复一句: "我在家门口的店洗车就好了。"

② **错误话术/ WRONG TO SPEAK**

销售顾问: "先生,您购买我们的油卡套餐有优惠。"

② **错误分析/ ERROR ANALYSIS**

看起来优惠是一个不错的吸引点,但4S店如果能把售后保养类的后市场产品与整车销售的优惠绑定在一起,销售的成功概率会大大提升。

IDEAS TO EXPLAIN
思/路/讲/解

∨

本节我们重点介绍售后保养类的后市场产品的介绍方法。

售后保养类的后市场产品,主要是指汽车购买之后基于汽车维修保养等延续的服务类产品。主要包括:汽车美容、洗车服务、四轮定位、油卡服务等。这类服务市面上的中小门店非常多,客户的选择也非常多,与车载加装和服务类的后市场产品相比,对于4S店的竞争最为激烈。

首先，作为洗车、美容等服务，此前都不是 4S 店的核心服务项目，4S 店的销售顾问本身就缺少重视的意识。然而，在整车销售利润不断降低的今天，加强售后产品的销售利润成了 4S 店盈利的一大重点。提升售后产品利润的首要任务就是要提升客户的售后回厂率。过去，客户回厂的主要契机出现在保养和事故车上。但这类契机还是有着极大的不稳定因素。现在，如果能很好地抓住洗车、美容等产品服务，一方面通过产品的销售换来了利润，另一方面稳定地提升了客户的回厂频次，增加了与客户沟通和再次销售的机会。

其次，在很多客户的意识中早就树立了洗车、美容这类服务习惯性地选择街边门店的意识。让客户选择 4S 店的这类服务就一定要给出差异化的优势，让客户看到选择 4S 店服务能得到的附加价值。

最后，售后保养类的后市场产品的销售，一般来说都是以套餐、套卡服务的形式呈现，一次销售后续的多次服务。对于商家而言，这当然是快速回笼资金的好方法。但对于消费者而言，要想让他们愿意一次性消费多次的后续产品，就必须取得客户的绝对信任，让客户有足够的购买信心。

对于售后保养类的后市场产品介绍，如果作为单独的产品进行介绍，4S 店并不占优势。如果放在整车销售完成之后，客户往往容易产生先上路行驶一段时间新车，比较一下再做决定的心理。所以，售后保养类的后市场产品介绍的最佳时机应放在客户谈判议价的环节。尤其是客户提出对整车或其他产品要求打折、降价的时候，销售顾问可以将保养类的后市场产品推出，作为一个套餐，为客户实现整体的优惠。

优秀话术／EXCELLENT TALK

销售顾问："张先生，在价格上想再优惠这么多肯定是没办法，但我知道您也是今天诚心想订下来，我再帮你想想其他办法好吗？"

客户："好啊。"

销售顾问："您买了新车，后期肯定是要经常洗车、打蜡、美容的吧。"

客户："对啊。"

销售顾问："我现在帮您想到的最好办法就是我们现在有一款豪华型的汽车美容套餐，一共 20 次服务，原价是 1 980 元，现在针对新购车的客户可以申请到一个 1 000 元的优惠。这样其实相当于给您的车价优惠了 1 000 元。"

客户："我洗车在家门口的店就可以了啊。"

销售顾问："的确，现在家门口都可以洗车，但我们的套餐里针对车主每次洗车都免费为您提供一次基础的车辆安全筛查服务，及时保障您的用车安全。只有我们是最了解自己品牌的车的，这是任何路边店都无法比拟的。"

客户："这项服务还不错，可是你的价格还是有些贵哦。"

销售顾问："因为我们的车辆清洁与美容服务更加专业，所以价格是比路边店贵一点，但是现在作为新车主可以给您一个 1 000 元的优惠啊，优惠过后可比路边店还要便宜呢。而且相当于给您车价也打了折。"

客户："好吧。"

优秀分析 / ANALYSIS

首先挖掘到客户的潜在需求点，然后利用产品帮客户创造需求，并且把服务类产品的介绍绑定在报价环节中进行，形成了一个有机的整体。

4.4 客户说："你先介绍车好了，导航等订了车再说"怎么办

| 情景呈现 | 王子璐是明星汽车 4S 店的销售顾问。这一天，王子璐正在给一位 25 岁左右的男性客户介绍一款 SUV。当介绍到汽车中控台时，王子璐顺势引入了加装车载导航产品的介绍。 |

情景呈现

王子璐："张先生,刚才您也提到会经常野外自驾游,且手机导航不大方便。我们这款车的中控台部分就特意留出了位置,可以帮您加装车载导航。这款导航不仅具有 GPS 功能,还可以实时监测路上的违章摄像头,更重要的……"

客户："你先不用急着介绍导航,先把车介绍好,导航我等订了车再决定是否加装。"

王子璐："……"

① 错误话术／WRONG TO SPEAK

销售顾问："我们公司规定必须要在车辆介绍中介绍加装产品。"

① 错误分析／ERROR ANALYSIS

公司的规定和客户的利益没有任何的关系,客户不会买账。

② 错误话术／WRONG TO SPEAK

销售顾问："先介绍和后介绍都是一样的。"

② 错误分析／ERROR ANALYSIS

既然都是一样的,你为什么还一定要先介绍呢。

③ 错误话术／WRONG TO SPEAK

销售顾问："哦。"

③ 错误分析／ERROR ANALYSIS

一个"哦"字在销售过程中就完全失去了主导地位。

IDEAS TO EXPLAIN
思／路／讲／解

V

在前面的章节中，我们反复提到，对于汽车 4S 店而言，后市场产品最好能够根据客户的需求在整车介绍的过程中进行推荐，与整车销售作为一个整体签订购车协议，尽量不要单独销售。

这样做的好处有以下几点：

（1）与车辆的功能一起介绍，可以更好地激发与满足客户的需求，提升购买概率。

（2）与整车产品打包共同报价，在报价的优惠幅度上，销售顾问有更大的空间。

（3）在介绍车辆时介绍后市场产品，可以更好地突出 4S 店对本品牌了解的优势，为客户推荐更具有贴合度的后市场产品。

但是，在实际销售的过程中有些客户会提出把后市场产品和整车销售分开介绍，先订车再考虑后市场产品。客户提出这样的要求大致来自以下几种顾虑：

（1）担心介绍完了后市场产品就必须要购买。

（2）借口推辞，其实并不想在 4S 店购买后市场产品。

（3）个人习惯，喜欢一项一项地听介绍。

这个时候，如果销售顾问被动地，完全按照客户的要求去做，那么就降低了后市场产品推荐成功的概率。而如果不顾客户的要求，执意继续推荐，又会引起客户的反感。所以，必须通过合适的销售话术对客户进行引导。

话术的重点需要抓住以下三点客户心理：

（1）只是介绍，买不买没关系。

（2）整体介绍比订车后单独介绍感受更好。

（3）如果能在订车前也订下导航等后市场产品，价格优惠幅度更大。

销售顾问:"张先生,您希望订完车再介绍导航,是有什么顾虑吗?"

客户:"没有,我只是习惯一项一项地听。"

销售顾问:"我了解,很多客户都希望一项一项介绍更清晰,但车的感受是一个整体,其实不管是加装件还是原装件,您最终都是要通过整辆车进行感受的。就像我给你介绍一款车的轮胎给车主带来的舒适程度,这个感受一定是要和车的底盘与悬架相结合,而不仅仅是轮胎本身决定。导航也是一样,虽然它是加装的产品,但使用是否便捷实用,是和车的中控台设计及其他电子产品息息相关的。所以,既然您本身就有加装车载导航的需求,我建议还是通过整体介绍,感受会更好。"

客户:"但我不一定要买这一款啊?"

销售顾问:"张先生,别担心,买不买没关系,而且我还可以根据你的需求,给您介绍几款合适您的产品,通过比较您再决定买不买,买哪款?"

客户:"价格呢?"

销售顾问:"说到价格,我就更建议先给您介绍了,因为您订车的时候如果同时选择更多的加装产品,车辆的优惠幅度还会更大。就像您在商场买衣服一样,买得越多,优惠越多。要是您先把车订下来了,再看加装导航之类的产品,优惠幅度肯定就小很多了。"

客户:"那好吧,你现在介绍吧。"

首先,用类比的方法告诉客户整体介绍感受上的好处。其次,告诉客户买不买没关系,打消客户的顾虑。最后,用价格的优惠幅度诱惑客户,成功主导客户。

4.5 客户说："我只在你们店买车，加装产品我自己购买"怎么办

情景呈现	王子璐是明星汽车 4S 店的销售顾问。这一天，王子璐正在给一位 25 岁左右的男性客户介绍一款 SUV。当介绍到汽车中控台时，王子璐顺势引入了加装车载导航产品的介绍。 王子璐："张先生，刚才您也提到会经常野外自驾游，且手机导航不大方便。我们这款车的中控台部分就特意留出了位置，可以帮您加装车载导航。这款导航不仅具有 GPS 功能，还可以实时监测路上的违章摄像头，更重要的……" 客户："导航你就不用介绍了，我只在你们店买车，加装产品我自己买。" 王子璐："为什么呢？" 客户："导航，你们 4S 店卖得比外面贵。"

① 错误话术／WRONG TO SPEAK

销售顾问："4S 店的配件价格就是高啊。"

① 错误分析／ERROR ANALYSIS

这种"嫌贵你别买"的言下之意，有可能会惹恼客户，甚至把整车销售都丢掉。

71

② 错误话术／WRONG TO SPEAK

销售顾问："我们的运营成本太高了。"

② 错误分析／ERROR ANALYSIS

这只是自怜自艾的抱怨，消费者不是来同情弱者的。

③ 错误话术／WRONG TO SPEAK

销售顾问："我们的配件质量好。"

③ 错误分析／ERROR ANALYSIS

这种说法对于新车主或许还算有效，但是一旦遇到了有经验的顾客，就完全没有了说服力。

> IDEAS TO EXPLAIN
> 思／路／讲／解
>
> V

当客户有明确加装后市场产品的需求，却又提出不在4S店里购买，说明客户一定是心存顾虑。此时销售顾问要做的就是通过话术，解决客户的顾虑。根据调查，绝大部分客户不选择在4S店购买后市场产品的核心顾虑就是认为：价格高。

4S店配件价格比起路边店要高，这已经是行内公认的事实。曾几何时，客户们还把4S店看成是"高大上"的象征，认为在4S店购买产品更有光环更有保障。而随着汽车产业的不断发展，消费者越发的理性化，注重性价比，"贵"成为挡在4S店销售顾问后市场产品销售前面的一个核心障碍。

有些销售顾问，客户说"贵"就一筹莫展，那只会让我们的销售陷于被动。也有些销售顾问喜欢用"4S店价格就是高"的语气，可是现在的客户早已不再买账，这样说很容易让客户理解为"嫌贵你别买"以至于会惹恼客户，甚至把整车销售都丢掉。还有些销售顾问，强调4S店的质量好。

这种说法对于新车主或许还算有效，但是一旦遇到了有经验的顾客，就完全没有了说服力。

作为销售顾问，应该从以下几个方面去引导客户：

（1）单看配件的价格 4S 店会比路边店要贵一些，但如果后市场产品与整车打包销售，综合优惠之后，价格未必就比路边店贵。

（2）配件是需要安装的，4S 店的安装技师都是经过厂家训练的，工艺更好。

（3）4S 店为选配的加装产品，都是经过厂家严格审核，与本品牌汽车最为配套的。

优秀话术 / EXCELLENT TALK

销售顾问："张先生，您既然要购买导航，又不在我们店购买，是有什么顾虑吗？"

客户："4S 店的配件卖得太贵了。"

销售顾问："您的说法我不反对，4S 店配件的单价看起来是要比路边配件店的贵一点点。但是，您知道吗？我们现在都有买配件整车更优惠的活动，您选购我们的配件和整车一同购买，在整车上还可以给您更大的优惠幅度，这样总体算下来，其实并不比路边店贵。"

客户："我还是想只在你们这儿买车，你们卖车专业，他们卖配件专业。"

销售顾问："呵呵，张先生，您说到专业我还真不得不提一个重要的问题。咱们买导航也好、大包围也好都是需要安装的。安装师傅的手工艺非常重要。4S 店所有的安装师傅都是经过厂家严格训练与考核，并持证上岗的，这是路边店的安装技师绝对无法比拟的。后市场产品的加装，您花的钱一部分是产品的本身，另一部分是安装师傅的工艺。所以，您不妨想想，到底谁贵谁便宜？"

客户："这么说倒是有道理。"

销售顾问："还有就是，您知道现在的后市场产品配件品种五花八门，但只有找到最匹配的，用得才好。咱们 4S 店里的配件，都是精挑细选，最匹配咱们品牌的车型的。安装之后和车一同保修。在外面的路边店,可就未必能做到这样了。"

客户:"好吧,那我先看看你们这边的介绍吧。"

优秀分析／ANALYSIS

首先,询问客户顾虑的原因。其次,用整体打包价格的模式,淡化价格贵的担心。再次,通过专业技师的说明强调在 4S 店购买后市场产品的独特优势。最后,通过产品匹配性的核心优势,成功主导客户。

销售回访环节——提升客户决策购买的欲望

5.1 客户首次离店前该说些什么

<table>
<tr>
<td>情景呈现</td>
<td>

王子璐是明星汽车 4S 店的销售顾问。这一天，王子璐接待了一位 40 岁左右的男性客户。给客户介绍完车和加装的后市场产品后，客户提出要先离店再比较一下。于是，王子璐便送客户出了店门。

几天后，王子璐电话回访客户。可是，打了好几通电话，客户要么不接，要么就说在忙。

王子璐纳闷了，本来在店里聊得挺好的，怎么客户离开了，再打电话，态度就变了呢？
</td>
</tr>
</table>

① 错误话术／WRONG TO SPEAK

销售顾问："张先生，您慢走，再见。"

① 错误分析／ERROR ANALYSIS

这句话看似礼貌，但没有为后续的沟通留下伏笔，"再见"可能就成了"再也不见"。

② 错误话术／WRONG TO SPEAK

销售顾问："张先生，您有空我给您打电话啊。"

② 错误分析／ERROR ANALYSIS

给电话做什么？是催促购买吗？这样说反而会提升客户的警觉，担心接到催促购买的骚扰电话。

IDEAS TO EXPLAIN
思／路／讲／解
∨

客户看车也好，购买后市场产品也好，往往不是到店一次性就决定购买的。所以，当客户首次离店后，通过电话回访客户就显得非常重要。只有有效地进行客户回访，将客户再次邀约到店，日后才有更好的成交机会。

但是，在客户回访的环节中，经常出现的问题就是客户不愿意接听电话，或在电话中应付销售顾问。因此，客户首次离店前，销售顾问不要仅仅只是简单的送别。可以通过话术埋下一些伏笔，为日后顺利进行电话回访做好充分的铺垫。

常见的客户离店伏笔有以下三类：

1. 承诺答疑

承诺答疑就是在离店前刻意设置一些在店内没有解决的疑问，告诉客户将在日后通过电话的形式反馈给客户，为客户解答。其实是在为日后对客户进行电话回访找一个合适的理由和借口。

2. 告知好处

告知好处是指在客户离店前告诉客户，如果日后店内有礼品赠送或优惠活动，将通过电话的形式告知客户。比起产品推荐，告知好处更容易让客户接受。

3．提出请教

通过与客户的交流，销售顾问如果已经了解到客户在某方面有擅长之处，可以对客户提出请求，希望在日后可以请教客户。请教的内容和话题不一定要和销售有关，而应该是客户所擅长的。其实，这是为了找到一个日后与客户沟通的契机。大多数人都有好为人师的心理，对方提出请教，往往不容易拒绝。

① **优秀话术／** EXCELLENT TALK

销售顾问："张先生，我送您出门吧。不过在您走之前，我能再问您最后一个问题吗？"

客户："你问吧。"

销售顾问："您来我们店，咱们谈了差不多30分钟，您对我的讲解满意吗？"

客户："满意。"

销售顾问："不过我对我的讲解还不够满意！您看我们交谈到第17分钟时，您问我发动机压缩比问题，我回答的就不是特别好。我没有给您提供书面的数据资料，您看这样，您走以后，我会收集一些资料，明天联系您，提供给您，可以吗？"

客户："好吧。"

② **优秀话术／** EXCELLENT TALK

销售顾问："张先生，我们最近还会为车主组织一些活动，活动上有超值礼品赠送，过去参加这个活动的车主们都非常积极，所以每个销售顾问只有一个名额，按照规定是不给还没有订车的客户的。不过，咱们聊得这么好，就将这个名额留给您。有了活动，我通知您可以吗？"

客户："好。"

③ **优秀话术／** EXCELLENT TALK

销售顾问："张先生，我估计您也是还要再比较一下。对了，您之前说您是做金融期货的，我最近正好也在做一些投资，要是遇到不懂的地方可以打电话请教您吗？"

客户："可以啊。"

优秀分析／ANALYSIS

利用承诺答疑、告知好处、提出请教的方法，为日后电话回访埋下伏笔。

5.2　客户回访开场白怎么说

情景呈现

王子璐是明星汽车 4S 店的销售顾问。前些天，王子璐接待了一位 40 岁左右的客户，交流间两人相谈甚欢。临走前客户说先考虑一下，下次再来店。几天过去了，王子璐见客户仍未来店，于是决定给客户一个电话回访。

王子璐："张先生，您好，我是明星汽车 4S 店的销售顾问王子璐。"

客户："有什么事吗？"

王子璐："上次您来我们店看的那套导航，考虑得怎么样了？"

客户："我还在比较，考虑好了我会找你的，我现在还忙，再见。"

客户说完，挂断了电话……

① 错误话术／WRONG TO SPEAK

销售顾问："张先生，我是您的销售顾问王子璐，您之前看过的导航，现在订了吗？"

① 错误分析／ERROR ANALYSIS

这样的问话，让客户迅速产生了接听销售电话的思维定式，拒绝率较高。

② 错误话术／WRONG TO SPEAK

销售顾问："张先生，您考虑得怎么样了？"

② 错误分析／ERROR ANALYSIS

这样的问话，让客户很容易脱口而出："我还在考虑，到时候我联系你吧。"无法完成电话回访的目的。

③ 错误话术／WRONG TO SPEAK

销售顾问："张先生，我是您的销售顾问王子璐，您现在忙吗？"

③ 错误分析／ERROR ANALYSIS

这样的问话，看似是在询问客户是否方便接听电话，但客户一听到是销售的电话，很容易快速做出拒绝的想法。如果此时，客户随口说"忙"，就会使得电话回访无法继续进行下去。

```
IDEAS TO EXPLAIN
思／路／讲／解
```
∨

客户回访是销售的重要环节，客户在购买汽车及汽车用品的过程中，往往不是看一次就立即做出决定。所以，在客户离开后，回访的质量是决定成交的关键。

可是，很多销售顾问都有着这样的疑惑：明明之前在店里聊得好好的，怎么一打电话，客户就像变了个人一样，还没说两句话就快速挂断了电话。

其实，比起初次与客户接触，客户回访要相对容易一些，毕竟初期通过接待、需求探询、产品介绍等环节已经和客户拉近了距离。而客户之所以还会出现一接听电话就快速挂断和拒绝，这和客户接听销售电话的三个思维定式有着重要的关系。

一般来说，客户在接听销售顾问的电话时，往往会产生以下三种思维定式：

（1）销售顾问肯定要求我尽快购买产品。

（2）销售顾问肯定用降价和打折的方法要求我购买。

（3）销售顾问肯定要说的事情是我不关心的，也是我不感兴趣的。

即便是面对当初在店里面聊得非常好的销售顾问，客户也会产生这样的思维定式，那是因为客户看产品时毕竟不是只看一家的产品，所以客户接到的回访电话也不止一家。经常接到相似的回访电话，客户自然就会产生这样的思维定式。

所以，销售顾问在电话回访时，开场白就非常重要了，开场白的目的，就是为了让客户在接听电话时能尽量不去做出拒绝，延长客户的通话时间，为后面的销售目的埋下伏笔。

延长客户通话时间的开场白，可从以下三点思路去设计：

（1）开场不要直接谈和销售相关的话题。

（2）主动询问客户是否方便接听电话。

（3）快速找到能引起客户兴趣的话题。

优秀话术 / EXCELLENT TALK

销售顾问："张先生，我是销售顾问王子璐。这次给您电话，不是为了卖导航的事，您看现在给您电话有没有打搅到您？"

客户："你说吧。"

销售顾问："昨天您离开我们店以后，下午就来了一个您的同行，他也是做化妆品生意的，我们聊天时提到您，他说知道您，说您是化妆品行业的名人啊。"

客户："是谁？"

销售顾问："王亿，您认识吗？"

客户："不认识。"

销售顾问："他走了之后我想起一个问题，能否请教您一下？"

优秀分析／ANALYSIS

（1）开场一句："这次给您电话，不是为了卖导航的事，"在电话的一开场就打消了客户认为销售要求其购买产品的想法。

（2）"现在给您电话有没有打搅到您？"这样问话的目的，一方面尊重客户询问客户是否方便接听电话，另一方面根据人与人之间的沟通习惯，让客户不容易快速地做出拒绝。

（3）"昨天您离开我们店以后，下午就来了一个您的同行。"谈论同行，快速有效地引起客户的兴趣。

5.3　客户回访的目标与流程是怎样的

情景呈现

王子璐是明星汽车 4S 店的销售顾问。这一天，接待的工作完成后，王子璐拿起电话，给老客户打起了回访电话。

王子璐："张先生，您好，我是明星汽车 4S 店的销售顾问王子璐。这次给您打电话不是为了卖导航的事情。"

客户："那是什么事？"

王子璐："上次您来我们店不是提到想多了解一下车载导航人工服务的相关信息嘛，我们这一周刚好有厂家人员来，进行宣讲会，想邀请您来参加。"

客户："什么时候啊？"

王子璐："周四下午 2 点。"

情景呈现	**客户**："我没时间啊。" **王子璐**："张先生，这次宣讲会真的很难得……" **客户**："这样吧，你把资料整理一下，到时候发给我吧。" **王子璐**："那好吧。"

① **错误话术** / WRONG TO SPEAK

销售顾问："张先生，您什么时候可以下订？"

① **错误分析** / ERROR ANALYSIS

汽车及后市场产品在电话中能够成交的概率是很小的，所以一定要把客户再次邀约回店。

② **错误话术** / WRONG TO SPEAK

销售顾问："张先生，您什么时候能来店把您上次看的产品订下来？"

② **错误分析** / ERROR ANALYSIS

没有节奏和流程的提出请求，很容易遭到客户的拒绝。

③ **错误话术** / WRONG TO SPEAK

销售顾问："张先生，您周四下午有空吗？"

③ **错误分析** / ERROR ANALYSIS

这样的问话，看似是在询问客户是否方便到店，但没给客户一个足以有说服力的理由。如果此时，客户随口说一句："没空"，电话回访就很难继续进行下去。

```
┌─────────────────────────┐
│   IDEAS TO EXPLAIN      │
│   思／路／讲／解          │
└─────────────────────────┘
           V
```

上一节我们提到，客户回访环节，回访的质量是决定着成交的关键。客户回访首先是要让客户降低拒绝情绪，有意愿聆听销售顾问的电话。但在汽车及其后市场产品销售的过程中，一般来说能在电话中成交的机会，还是微乎其微的。所以，销售顾问在进行电话回访时，一定要明确电话回访的唯一目的。

将客户再次邀约到店。

不能再次把客户邀约回店的电话回访，算不上高质量的电话回访。情景中的销售顾问，虽然与客户沟通的语言得当，有效地降低了客户的拒绝情绪，但没有很好地把握交谈节奏，未能成功邀约客户到店。因此，销售顾问在进行电话回访时，要注意把握节奏，适时地提出邀约客户回店的请求，并给出让客户难以拒绝的理由。

常用的电话回访流程，包括以下五个步骤：

第一步：开场白。

开场白在上一节有详细讲解过，目的就是让客户不要快速挂断电话。

第二步：多个目的。

开场白过后，呼出电话的一方自然要向对方说明电话的目的。但是，为了让客户不因为销售而过分敏感，目的是尽量不要马上提出和购买产品相关的事宜。可以利用在首次接触中留有的伏笔，说明电话的目的。常用的目的包括：回复承诺、好消息和提出请教。

第三步：提出请求。

当销售顾问使用多个目的的方法进行谈话过渡后，客户的抗拒心理也有所下降，这时候是最好提出邀约请求的机会。

第四步：要求承诺。

如果客户答应了销售顾问将再次到店，要让客户适当地做出一些有效的承诺，确保最终到店的有效性。

第五步：一点压力。

通过一些销售技巧，给客户留有一点压力，为到店的有效可以再添加一些砝码。

综上，我们可以看出，在汽车后市场产品销售过程中，客户的电话回访一定要明确目标、遵循流程和把握节奏。

优秀话术／EXCELLENT TALK

销售顾问："张先生，我是销售顾问子璐。这次给您电话，不是为了卖导航的事，您看现在给您电话有没有打搅到您？"

客户："你说吧。"

销售顾问："昨天您离开我们店以后，下午就来了一个您的同行，他也是做农村电商生意的，我们聊天时提到您，他说知道您，说您是行业的名人啊。"

客户："是谁？"

销售顾问："王亿，您认识吗？"

客户："不认识。"

销售顾问："他走了之后我想起一个问题，能否请教您一下？"

客户："你说吧。"

销售顾问："是不是你们电商行业的，要跑的地方非常多，有些地方经常是导航难以识别，或者数据不够完整的？"

客户："是的。"

销售顾问："所以你们行业的很多客户都选择带有人工服务辅助的导航系统。这样可以让你们的出行更加方便和安全？"

客户："没错。"

销售顾问："那你们在考虑人工辅助的导航系统，一般都考虑哪些因素呢？"

客户："第一，接通速度快不快。第二，人工导航准不准确。第三，服务好不好。"

销售顾问："如果是这样，那就太好了。有一个特大好消息告诉您。

我们本周四下午，专门邀请了车载导航信息中心的专家来讲解如何在偏远地区正确安全使用导航的方法。考虑到您这边正需要这方面的信息，您一定要来参加啊。不过现在剩下的门票已经不多了。"

客户："门票要钱吗？"

销售顾问："是的。门票售价是 50 元一张。不过看您和我聊得这么好，我手里还有一张剩余的门票，您要是确认过来，我就送给您好了。"

客户："真的吗？那太谢谢了。"

优秀分析／ANALYSIS

在电话回访过程中，通过提出请教的方法，引出了客户的需求。继而提出来到店参加活动的请求，并利用门票，强调活动的重要性与来之不易，有效地邀约客户再次到店。

5.4　如何才能在电话中更好地打动客户

情景呈现

王子璐是明星汽车 4S 店的销售顾问。本周六，公司要举办一场爱车讲堂活动，针对之前的一些老客户，希望能在爱车讲堂上销售一些车辆保养相关的后市场产品和服务。要求销售顾问通过电话回访，邀约客户到店参加活动。

王子璐："张先生，您好，我是明星汽车 4S 店的销售顾问王子璐。我们本周六有一个爱车讲堂活动，想邀请您来参加。"

客户："没空。"

王子璐："这个活动上有很多优惠。"

情景呈现	**客户：** "说了没时间了。" **王子璐：** "哦。"

① **错误话术**／WRONG TO SPEAK

销售顾问："张先生，我们有一场活动，想邀请您参加。"

① **错误分析**／ERROR ANALYSIS

客户接到的有关活动的电话数不胜数，没有什么巨大的吸引力。

② **错误话术**／WRONG TO SPEAK

销售顾问："张先生，您来我们这次活动下订可以打 8.5 折。"

② **错误分析**／ERROR ANALYSIS

过早地暴露了优惠的幅度，一方面失去了活动本身的神秘感和兴趣点，另一方面使得客户到店后销售顾问丧失了一定的议价空间。

IDEAS TO EXPLAIN
思／路／讲／解

∨

客户电话回访环节，销售顾问所有的工作都是通过电话完成的。比起在店面内的销售，缺少了表情、肢体语言和演示的展品及道具。所以，要想有效地邀约客户到店，通过语言打动客户非常重要。

情景中的销售顾问，只是使用了平淡的语句，向客户介绍了到店参加活动的时间和地点，这样很难有效地提升客户到场的欲望。因此，我们要通过对邀约话术的设计，来提升客户的到场兴趣点。

常用的邀约话术，包括以下五个要素：

1．活动的规模要盛大

客户平常接到的邀约电话肯定不止一两个，销售的竞争对手也会对客户提出各类活动的邀约。因此，对于普通的活动邀约，客户其实早已麻木。因此，要想提升客户的兴趣点，一定要把活动的规模介绍得更加盛大。

2．活动的优惠要强调

对于有购买需求的客户而言，价格的优惠一定是客户的兴趣点之一。因此，强调优惠可以达到有效吸引客户的作用。

3．优惠的幅度要神秘

优惠具有强大的吸引力，但优惠的具体幅度不可以在电话中告知，只需告诉客户活动现场会宣布非常有吸引力的优惠即可。否则一方面失去了活动本身的神秘感和兴趣点，另一方面使得客户到店后销售顾问丧失了一定的议价空间。

4．活动的礼品要吸引

到店有礼，这也是吸引客户的有力噱头。即使不成交，也有礼品拿，给客户一种心理暗示，到店肯定不是白跑一趟。

5．活动的机会要不易

通过门票、邀请函等一些限定性的措施，可以让活动显得更加有规模。同时让客户觉得参加活动的机会来之不易。

优秀话术／EXCELLENT TALK

销售顾问："您好，张先生！我是明星汽车 4S 店的销售王子璐，这次打电话给您不是为了卖保养礼包的事情，您看现在跟您通电话方便吗？"

客户："你说吧。"

销售顾问："8 月 5 日和 6 日在万达中心我们将举办本市高端车车主

论坛峰会，本次活动我们得到总部的支持。活动期间，如果订购产品，据说有非常诱人的优惠，优惠具体的价格领导还没公布，只在现场宣布，价格一定实惠。我们关系不错，为此提前通知您，你到时一定要去看看！"

客户："我还在比较，不一定那么快下订啊。"

销售顾问："您就算不下订，听听讲座、尝尝美食、看看节目表演也绝对精彩，而且这次我们的活动还有一个送礼品环节。您只要去现场找到我，我都送您一份精美礼品，您要是现场下订，还有中两千万大奖的机会。"

客户："我有时间去吧。"

销售顾问："您知道吗？我今天打给您的电话价值 100 元，因为峰会的门票价值 100 元，您要去现场找我，我替您解决门票，只是门票相当紧张，我们每人只分配了 10 张门票。"

客户："那你给我留一张吧。"

优秀分析／ANALYSIS

（1）"这次打电话给您不是为了卖保养礼包的事情"降低客户因为销售而产生的拒绝和排斥。

（2）"8 月 5 日和 6 日在万达中心我们将举办本市高端车车主论坛峰会"利用峰会的话题，强调了活动规模的盛大。

（3）"如果订购产品，据说有非常诱人的优惠，优惠具体的价格领导还没公布，只在现场宣布，价格一定实惠。"强调了活动中的优惠，并且把具体的优惠幅度保持神秘感。

（4）"您只要去现场找到我，我都送您一份精美礼品，您要是现场下订，还有中两千万大奖的机会"利用活动的礼品吸引客户到场。

（5）"只是门票相当紧张，我们每人只分配了 10 张门票"充分强调了活动的来之不易。

5.5　客户在电话里答应了再次到店，实际不到场怎么办

<table>
<tr>
<td>情景呈现</td>
<td>王子璐是明星汽车 4S 店的销售顾问。本周六，公司要举办一场爱车讲堂活动，针对之前的一些老客户，希望能在爱车讲堂上销售一些车辆保养相关的后市场产品和服务。要求销售顾问通过电话回访，邀约客户到店参加活动。

周二下午，王子璐就成功地通过电话邀约了 6 名客户，客户在电话里都同意届时到现场参加活动。

活动开始了，王子璐的客户却一个都没有到场。打电话过去，有的打不通，有的不接，有的说忘了，有的说临时有事来不了了。

这让王子璐很是郁闷。</td>
</tr>
</table>

① 错误话术／WRONG TO SPEAK

销售顾问："张先生，我们这次的活动您到时候会来吗？"

① 错误分析／ERROR ANALYSIS

这样的问话让客户在确认时不能做出封闭的回答和承诺。什么时候到？几个人到场？多一些封闭的承诺，到场的概率才更大。

② 错误话术／WRONG TO SPEAK

销售顾问："张先生，我届时在活动现场等您。"

② **错误分析**／ERROR ANALYSIS

没有给客户一点儿压力，届时客户可能到场也可能不到场。

```
IDEAS TO EXPLAIN
思／路／讲／解
```
∨

电话回访邀约客户再次到店或参加活动，是否成功要以客户实际到场为准。情景中的销售顾问，就是好不容易通过电话沟通，让客户在电话中答应到场，但由于缺乏后续的跟进，使得 6 名客户一个都没有到，让前期付出的努力全部功亏一篑。

我们可以看到，并不是客户电话里答应了再次到店或参加活动就一定会准时到场的。还需要销售顾问通过有效的话术和销售策略，提升客户的实际邀约到场率。

一般来说，销售顾问需要通过以下几个策略，提升客户的实际邀约到场率：

1. 邀约的确认要封闭

在电话邀约过程时，当客户做出到场承诺时，尽量让客户采用封闭的语句承诺。不要只是通过"好"或者"来"这样的词汇确认客户一定到场，更不能凭借"到时看看""到时再说"这样的语言进行确认。

封闭的确认是要让客户自己明确讲出"确认到场"，最好还能加上"到场时间""到场人数"这些字眼。比如：

销售顾问："我是为您留一张门票还是两张呢？"

客户："一张就好了。"

销售顾问："那您是 8：30 过来还是 9：00 过来呢？"

客户："8：30 吧。"

2. 给客户留一点小小的压力

作为成年人，对于自己的承诺是需要履行的。做出到场承诺本身就是一个小压力。如果客户知道他的到场行为是销售顾问努力换来的，或者如果他要是失约没有到场，销售顾问可能会付出一些代价或面临处罚的话，那么在无形中又给他增加了一点点必须到场的小压力。这也是利用互惠的心理，让客户难以拒绝。比如：

销售顾问："张先生到时候您一定要来啊，若是发出去的门票要是客户没来，我们自己是要承担 100 元的门票费用的，我就这一张门票，好多客户要，我和您关系好，就给您了。"

客户："好的，你放心，我会来。"

3．邀约完成到活动开始前还要反复确认

电话回访，不是一次完成的。尤其是距离客户到场前还有较长一段时间的邀约，一定在后期还要反复和客户确认，这样才能更有效地保障客户到场。

优秀话术／EXCELLENT TALK

1．活动前五天给客户电话

销售顾问："张先生，那门票我就帮您订下来了，您到时是 8：30 到还是 9：00 到，我在门口接您。"

客户："我 8：30 到。"

销售顾问："好的，张先生到时候您一定要来啊，若是发出去的门票要是客户没来，我们自己是要承担 100 元的门票费用的，我就这一张门票，好多客户要，我和您关系好，就给您了。"

客户："好的，你放心，我会来。"

2．活动前四天给客户短信／微信

销售顾问："您好，张先生。我是明星 4S 店的销售顾问王子璐，昨天刚刚跟您通的电话，咱们周六的活动我已经给您报上名了，恭迎您的到来，收到请您回复。"

3．活动前两天给客户短信／微信

销售顾问："您好，张先生。感谢您参加我们本周六的活动。这是给您的活动邀请信息。届时请您凭本信息领取门票入场。"

4．活动前一天给客户电话

销售顾问："张先生，您好，活动开始前还有一个好消息通知您，咱们品牌的这次活动在明天9：00准时开始，这次活动的政策是厂家特批的，所有产品价格都由厂家支持，活动政策只限活动现场，所以提醒您一下，如果下订请带好订金，现场也可以刷卡。说好了，到时不见不散。"

优秀分析／ANALYSIS

（1）运用了封闭的确认话术。

（2）给客户留了一点小压力。

（3）一次活动，五次反复确认。

异议处理环节——解决客户对后市场产品品质的质疑

6.1 客户说："你们的轮胎耐磨性不好"怎么办

情景呈现

王子璐是明星汽车 4S 店的销售顾问。这一天，一位姓张的老客户来店里为自己的 SUV 更换轮胎，王子璐推荐了一款店里面近期主打热销的轮胎。

客户看了轮胎说："我听说，你们的轮胎耐磨性不好？"

王子璐："不会啊，张先生，我们推荐的这款轮胎是当下质量最好的一款轮胎了，获过很多大奖呢。产品质量杠杠的。"

客户："我听朋友可不是这么说的。"

王子璐："他们不懂，您一定听错了。"

客户不高兴地说："就你懂！"

① 错误话术／WRONG TO SPEAK

客户："我听说你们轮胎的耐磨性不大好吧？"

销售顾问："张先生，我们的产品质量是杠杠的。"

① 错误分析／ERROR ANALYSIS

这样的回答没有任何的说服力。

② 错误话术／WRONG TO SPEAK

客户："我听说你们轮胎的耐磨性不大好吧？"

销售顾问："张先生，您说得不对。"

② 错误分析／ERROR ANALYSIS

否认客户，与客户站在了对立面。

IDEAS TO EXPLAIN
思／路／讲／解
∨

客户异议是汽车后市场产品销售过程中必然会产生的问题点。对于后市场产品而言，产品品种多、品牌杂，所以客户难免提出异议。有些销售顾问一见到客户提出异议就倍感紧张，要么认为是客户在刁难自己，要么认为是客户购买意愿不强。其实，异议之所以产生，正是因为客户对产品有所关注。相反，如果客户对产品毫无兴趣，是根本提不出任何异议的。所以，我们可以看到，客户的异议不仅不是在为难销售顾问，反而是销售的机会。这就是俗话说的："嫌货才是买货人。"

客户之所以会对产品产生异议，主要有以下四个方面的原因：

（1）客户要印证自己对产品的已有看法。

（2）客户对产品有疑虑。

（3）客户希望被销售顾问说服，希望找到共同进退的意见同盟者。

（4）为后期价格谈判埋下伏笔。

在情景案例中，张先生提到轮胎的耐磨性不好，销售顾问张口就否认对方，说对方说得不对。这个时候，你会发现，无论销售顾问解释得再有道理，其本身就已经站在了客户的对立面。这样必然容易引起客户的反感。

因此，面对客户的异议，要把握的一个重要的原则，就是：

永远不要对客户说 NO。

一般来说，面对客户的异议可以通过迎合、垫子、主导的话术去引导客户。客户的异议多种多样，但只要掌握了话术的精髓，再配合上有效的产品知识，异议的处理可以做到以不变应万变。

在异议处理这一章中，我为大家挑选了 12 组最常见的后市场产品客户异议的话题，大多都会套用迎合、垫子、主导的话术模板。希望大家通过不同异议的反复练习，熟练应用这一套异议处理的话术模板。

1．迎合

迎合就是要认同对方的表达，不否认客户，与客户站在同一战线。当然客户否认我们的产品，我们并不是也一定要通过否认产品来迎合对方。可以换一个角度。比如：

客户："听说你们这款轮胎的耐磨性不好。"

销售顾问："张先生，您一提到轮胎就知道看耐磨性，说明你可真专业啊。"

需要注意的是，销售顾问既没有去否认客户的观点，也没有肯定客户的观点，反而是从对产品认知专业性的角度去迎合对方。正所谓："抬手不打笑脸人"，学会迎合客户，自然不会让客户感觉销售顾问和自己站到了对立的一面。

2．垫子

垫子就是在认同客户的基础上，强调其问题的普遍性，同时总结客户的问题，进一步明确客户提出异议的原因。比如：

销售顾问："关于这款轮胎耐磨性的问题，其实之前也有很多客户提到过，但后来经过详细了解还是选择了我们这款轮胎。您觉得耐磨性不好，主要是从哪方面看出来的呢？"

客户："轮胎的花纹。"

3. 主导

主导是解决异议的关键步骤，是要掌握话语的主动权，为问题设立标准。当你掌握了话语的主导权，这个时候就不是简单地回答客户的问题，向客户解释了。而是针对客户的异议给出一个判断其正确与否的标准。比如：

销售顾问："咱们专业人士都知道，看一款轮胎是否耐磨，主要是看三个方面，花纹只是其中之一。"

客户："那其他两个方面是？"

当客户问到其他两个方面时，话语的主导权就掌握在了销售顾问的手里。因为，此时无论销售顾问回答哪两个方面，标准都是由销售顾问设定了。这时候，销售顾问已经把客户对轮胎耐磨性的质疑，转移到介绍产品的价值上来了。

优秀话术 / EXCELLENT TALK

客户："听说你们这款轮胎的耐磨性不好。"

销售顾问："张先生，您一提到轮胎就知道看耐磨性，说明你可真专业啊。关于这款轮胎耐磨性的问题，其实之前也有很多客户提到过，但后来经过详细了解还是选择了我们这款轮胎。您觉得耐磨性不好，主要是从哪方面看出来的呢？"

客户："轮胎的花纹。"

销售顾问："咱们专业人士都知道，看一款轮胎是否耐磨，主要是看三个方面，花纹只是其中之一。"

客户："那其他两个方面是？"

优秀分析 / ANALYSIS

运用迎合、垫子、主导的话术，有效地将客户的异议转化为介绍产品的价值。

6.2 客户说："你们推荐的机油的品牌没有 × 品牌的知名度高"怎么办

情景呈现

王子璐是明星汽车 4S 店的销售顾问。这一天，一位姓张的老客户来店里为自己的爱车做保养，王子璐推荐了一款店里面近期主打的机油。

客户："我听说，你们推荐的这款机油的品牌没有 × 品牌的知名度高。"

王子璐："张先生，× 品牌是更高端，但我们的价格更实惠啊。"

客户："那你让我再想想再决定，都说便宜无好货。"

① 错误话术 / WRONG TO SPEAK

销售顾问："张先生，您真外行，× 品牌怎么能和我们比呢？"

① 错误分析 / ERROR ANALYSIS

否认客户，与客户站在了对立面。

② 错误话术 / WRONG TO SPEAK

销售顾问："张先生，我们品牌的机油也是国际知名大品牌，去年还获得了五项国际级大奖……"

② 错误分析 / ERROR ANALYSIS

只顾自己去解释，未从客户异议的原因去分析。

③ 错误话术 / WRONG TO SPEAK

销售顾问："张先生，× 品牌是更高端，但我们的价格更实惠啊。"

③ 错误分析／ERROR ANALYSIS

在完全不了解客户提出异议动机的情况下就直接否认了自己的品牌。

IDEAS TO EXPLAIN
思／路／讲／解
∨

客户提出异议与其他品牌进行对比，在销售过程中是非常常见的现象。遇到这一类问题，销售顾问如果拿捏不当，很容易掉入陷阱。常见的陷阱有以下三种：

1．直接对客户说 NO，否认客户，与客户站在对立面

直接拒绝客户，会让客户心里很不舒服。客户要么继续反驳你，要么对你心有不满。

2．解释本品牌的优点

这样的回答很自信，对产品知识的了解也很充分。但是，仍然是只顾自己去解释，未从客户异议的原因去分析。解释得过多，客户未必认可。

3．一味迁就客户，否认自己的品牌

前面我们提到了要迎合客户，但迎合不等于一味迁就客户，更不等于否认自己的产品。情景案例中的销售顾问，在完全不了解客户提出异议动机的情况下就直接否认了自己的品牌。而这位客户却并不是一定要买最便宜产品的客户，一句便宜没好货，让销售顾问完全没有了再次解释的余地。

面对用竞争品牌作为对比提出异议的客户，仍然可以采用迎合、垫子、主导的话术策略进行应对。

1．迎合

面对客户的异议，不一定要立刻做出解释。有的时候可以采用迂回的

策略，先去迎合一下客户。这样一方面让客户对销售顾问更加有好感，另一方面也给自己赢得一些思考的时间。比如：

销售顾问："张先生，看您研究了不少机油的品牌，可真是这方面的专家啊。"

2. 垫子

品牌知名度，不同的客户有不同的理解方式，使用垫子可以有效地了解客户提出异议的真实心理。比如：

销售顾问："对于机油品牌知名度，很多客户也都提出过，您指的高端主要是看哪个方面呢？"

客户："主要看广告打得响不响嘛。"

3. 主导

客户提出竞争对手更好，但仍在店里听你耐心地讲解，说明客户对眼前这个品牌还是比较满意的，要不然他就直接选择其他的品牌了。他之所以提出这个问题，是想让你证明选择这个品牌的正确性。主导的方式就是将话题转向价值，设立标准，鼓励客户，让他坚信自己选择的是最合适的品牌。比如：

销售顾问："的确，一款机油的品牌知名度好不好，广告效应是三个重要因素之一。"

客户："还有两个因素是？"

销售顾问："一个是业内的评价，比如我们这款机油就是在业内获得了五项国际级大奖的机油品牌。另一个是用户的使用习惯，不知道张先生您平时是多跑山地路面还是高速呢？"

客户："高速。"

优秀话术／ EXCELLENT TALK

销售顾问："张先生，看您研究了不少机油的品牌，可真是这方面的专家啊。对于机油品牌知名度，很多客户也都提出过，您指的高端主要是看哪个方面呢？"

客户："主要看广告打得响不响嘛。"

销售顾问："的确，一款机油的品牌知名度好不好，广告效应是三个重要因素之一。"

客户："还有两个因素是？"

销售顾问："一个是业内的评价，比如我们这款机油就是在业内获得了五项国际级大奖的机油品牌。另一个是用户的使用习惯，不知道张先生您平时是多跑山地路面还是高速呢？"

客户："高速。"

优秀分析/ ANALYSIS

运用迎合、垫子、主导的话术，有效地将客户的异议转化为介绍产品的价值。

6.3 客户说："你们这款汽车蜡确实不错，但我觉得不适合我的车"怎么办

情景呈现

王子璐是明星汽车 4S 店的销售顾问。这一天，一位姓张的客户来店里为自己的爱车打蜡。面对不同品牌，不同功能的汽车用蜡，张先生显得无从下手。

王子璐根据经验，为张先生推荐了一款去污、亮光、保护三合一的蜡。张先生左看右看，似乎很喜欢这款产品，但又拿不定主意。

客户："这个产品看功能确实不错，但我觉得不适合我的车。"

王子璐："我觉得非常适合啊。"

客户："你们肯定是推荐自己想卖的产品。"

① 错误话术／WRONG TO SPEAK

销售顾问："张先生，我觉得非常合适啊。"

① 错误分析／ERROR ANALYSIS

销售顾问说"我觉得"是从自身的角度回答，但事实上购买决策者是客户，这样的回答完全不从客户的角度考虑问题。

② 错误话术／WRONG TO SPEAK

销售顾问："张先生，那您是想选其他品牌吗？"

② 错误分析／ERROR ANALYSIS

这样的回答看似是在让客户做选择，实际上是对自己推荐的产品不坚定。客户提出产品不适合，未必是想更换其他品牌，只是希望让销售顾问能给自己一个更好的印证。这样一回答，反而分散了客户的注意力，让客户更加难以选择。同时，降低了销售顾问的信赖感。

③ 错误话术／WRONG TO SPEAK

销售顾问："张先生，听您一说，就知道您对汽车蜡不了解。"

③ 错误分析／ERROR ANALYSIS

面对客户的异议，直接否认客户，立即就和客户站到了对立面。

IDEAS TO EXPLAIN
思／路／讲／解

∨

在汽车后市场产品销售过程中，因为产品品类多，品牌杂，一般客户是不大了解的，需要销售顾问引导讲解，给客户推荐适合自己车的产品。但是，总有些客户明明觉得还不错，但就是要挑毛病，说不适合。

客户之所以会说出这样的问题，主要有以下几点原因：

（1）不懂装懂。

（2）对产品有顾虑。

（3）希望销售顾问反复帮自己印证产品适合自己。

（4）为讨价还价做铺垫。

这个时候，销售顾问只回答适合或不适合，是无法有效解决客户疑虑的。一定要从客户的内心出发，说服客户。

常用的销售步骤如下：

1. 观察客户

当客户提出不适合或者不喜欢某个产品时，如果是真心拒绝，一般都会选择直接离开。如果客户并未马上离开，反而继续看产品的时候，说明客户并非是完全不认可，他是在找借口。这个时候销售顾问要分析出客户借口的真实原因，再有效应对。

2. 探询原因

客户表示产品不适合，销售顾问不要急于用"是"或"不是"来应对，而应该主动询问客户这样说的真实原因。是因为车辆的颜色觉得不适合，还是产品的品牌觉得不适合，抑或是价格觉得不适合。只要找到了客户内心真实所想，就能有效"对症下药"。

3. 从众心理法

一旦找出客户提出产品不适合的真实原因，就可以利用从众心理引导客户。告诉客户和他使用同款车的大多数客户也选择了这款产品，或者告诉他和他有相同喜好的客户大多数也都选择了这款产品。

4. 对比法

客户认为这款产品不适合，说明心里对其他的产品还有想法。一般来说，汽车蜡的好坏是可以通过对比看出来的，很多店里都有相关的道具。如果客户提出某款汽车蜡不适合自己的时候，最有效的方法就是拿道具给他进行对比。用最直观的体验，打消他的顾虑。

5．赞美法

面对客户的异议，除了为其解释之外，别忘了顾及客户的情绪和感受，适时地给客户一些赞美。有的时候，客户听完了讲解，其实内心已经认可了，但为了顾及当初提出异议的面子，需要找个台阶下。所以适当地赞美，同样可以帮助客户打消顾虑。

优秀话术／EXCELLENT TALK

客户："这个产品看功能确实不错，但我觉得不适合我的车。"

销售顾问："张先生，您觉得不适合，主要是觉得哪个方面不适合呢？"

客户："我的车是白色的，这个说明没有做太多介绍啊。"

销售顾问："张先生，一提到打蜡您就知道从车身颜色去选择，可真专业啊。其实，我给您推荐这款蜡最重要的因素就是结合了您车身颜色的要素。"

客户："你说说看？"

销售顾问："如果是其他颜色的车，打蜡之后足够亮光即可，而白车还需要先去污，不然车身会让人觉得发黄。您注意这款蜡的说明，重点就在强调去污，所以最适合您的白车。"

客户："是吗？"

销售顾问："当然了，买咱们这款白车的客户，有90%的客户回厂美容，都是用的这款蜡。上次您提车时认识的那位和您买了同款车的李先生，昨天回厂美容，也是选的这款蜡。看来你们这些精英人士，眼光都不错。"

优秀分析／ANALYSIS

先探询原因，再对比解释，最后利用从众心理和赞美法，有效解决了客户的异议。

6.4 客户说："你们的导航是不是原厂正品"怎么办

> 情景呈现
>
> 王子璐是明星汽车 4S 店的销售顾问。这一天，王子璐卖出了一辆 SUV。为了出行方便，客户张先生提出要加装车载导航。于是，王子璐就推荐了一款售价为 9 800 元的导航。
>
> **客户：** "你们这个导航是不是原厂正品？"
>
> **王子璐：** "我们 4S 店卖的当然是原厂正品了。"
>
> **客户：** "那我看包装盒上怎么写的不是汽车生产厂家的名称？"
>
> **王子璐：** "原厂正品并不是说是汽车生产厂家生产的，都是第三方代加工生产的。"
>
> **客户：** "那和外面卖的不是一样嘛，还这么贵，不要了。"

① 错误话术／WRONG TO SPEAK

销售顾问："当然是啊。"

① 错误分析／ERROR ANALYSIS

这样的回答看起来是非常肯定，但是在没有了解客户的真实想法前就草率作答，禁不起客户再次发问。

② **错误话术**／WRONG TO SPEAK

销售顾问: "张先生,那您是想选副厂品牌吗？"

② **错误分析**／ERROR ANALYSIS

未经需求的了解,自作主张揣测客户的想法。

IDEAS TO EXPLAIN
思／路／讲／解
∨

关于汽车后市场产品是否是原厂正品的问题,是很多客户都关心,并且会提出异议的话题。客户在 4S 店买车和加装后市场产品,当然希望所有的产品都出自汽车生产厂商,这样才用得更安心。

汽车行业内部人士都了解,作为汽车生产厂家往往只是生产汽车整车及其零配件,绝大部分汽车的后市场产品都是由第三方公司生产的。所谓原厂正品,是指该第三方公司生产的产品得到了汽车生产厂家的授权及质量认可。这样的产品加装在车辆上才会更加匹配与稳定。

但是,很多客户并不了解这一点,一味地认为原厂正品就一定要是汽车生产厂家生产的产品。凡是第三方公司生产的产品,都是副厂件,价格都应该非常低廉。

因此,当客户提出"是否是原厂正品"这样的异议时,销售顾问不能仅仅用"是"或"不是"进行回答。这样当客户再次追问的时候,很容易产生误解。

这个时候销售顾问应该洞悉客户询问是否是原厂正品的真实需求,从内在的角度让客户做到放心,说服客户。

常用的销售步骤如下:

1. 询问客户异议的原因

当客户提出"是否是原厂正品"的时候,要先通过询问,了解客户问这个问题的原因。有些客户是希望使用正品保障质量，也有些客户是因为图便宜，选择副厂件。

2．设立使用原厂正品的标准

当了解到客户认为使用原厂正品更好时，要为客户设立使用原厂正品的标准，告知客户原厂正品是指厂家授权生产的加装产品，是与车辆性能最为匹配的。

3．对比法

通过对比，告知客户原厂正品比其他副厂件的优势及好处。

4．确认法

使用坚定的语气，告知客户，我们4S店只做原厂正品。让客户放心地消费。

5．赞美法

适时地给客户一些赞美，夸他有眼光，选择有品位。一方面能更好地促成本次销售，另一方面也为客户下次的选择埋下伏笔。

优秀话术／EXCELLENT TALK

客户："你们这个导航是不是原厂正品？"

销售顾问："张先生，您想选择原厂正品是吗？"

客户："当然了。"

销售顾问："张先生，您太有眼光了，导航虽然现在到处都有销售，但还是原厂正品与车辆的匹配度最高。无论是安装，还是使用寿命，都优于其他非原厂产品。您看的这款就是我们的原厂正品。"

客户："那为什么包装盒上写得不是汽车生产厂家的名称？"

销售顾问："哦，张先生，在汽车行业里所有导航产品的原厂正品，都是由厂家指定的第三方生产企业制造，经厂家质量认证授权经销的。"

客户："那不是和外面卖的一样吗？还这么贵。"

销售顾问："张先生，您放心，这个原厂正品和外面卖的那些品牌的导航有着本质的不同。首先，您看我们的包装盒上有注明原厂授权的标识，这个外面的品牌是绝对不可能有的；其次，您可以对比一下导航的画质，明显优于外面的品牌；最后，您的车辆是有一个呼叫中心的功能的，这是厂家给客户的行车安全保障服务，市面上也只有这款原厂正品导航可以匹配这个呼叫中心的功能使用。"

客户："嗯。"

销售顾问："我们 4S 店是只卖原厂正品的，您尽管放心。"

优秀分析／ ANALYSIS

先询问异议的原因，再设立使用原厂正品的标准，通过对比法，辅以赞美法，有效地解决了客户的异议。

6.5 客户说："你们这个贴膜品牌我没听过"怎么办

情景呈现

王子璐是明星汽车 4S 店的销售顾问。这一天，一位新购车的车主，准备为车辆加装贴膜。王子璐介绍了一款近来非常热销的贴膜。

客户："你们这个贴膜品牌我没听过啊。"

王子璐："不会吧，这个牌子都没听过。"

客户："是啊，没听过的牌子还要这么贵啊？"

王子璐："一分钱一分货啊。"

① **错误话术／ WRONG TO SPEAK**

销售顾问："我们的牌子你都没听说过？"

① 错误分析／ERROR ANALYSIS

反问质疑客户，容易引起客户的反感。

② 错误话术／WRONG TO SPEAK

销售顾问："我们的品牌很知名的。"

② 错误分析／ERROR ANALYSIS

知名与否，是要靠品牌解释去证明的，销售顾问仅仅说"知名"两个字，很难得到客户的信服。

IDEAS TO EXPLAIN
思／路／讲／解

∨

销售中遇到对品牌不了解的客户是非常正常的情况，即使是再知名的品牌也不能保证每个人都知道。尤其是汽车后市场产品，类别多，品牌杂。对于首次购车的客户，的确是难以辨别。

作为销售顾问，绝不能认为自己知道的品牌客户就应该知道。而应该对客户进行品牌解释，将专业的品牌知识带给客户，进而带动产品销售。

常用的销售步骤如下：

1．确认客户是否真的不了解这个品牌

当客户提出没听过这个品牌，有的是真的不了解，也有的只是一个托词。为讨价还价寻求砝码，或为自己的离开去找理由。所以，销售顾问需要先去确认客户的真实想法。

2．迎合客户

当了解到客户真正没有听过这个品牌的时候，最好的方法就是迎合。客户听过其他的品牌，没有听过我们的品牌，说明我们的品牌宣传还有待

提升。迎合客户可以让客户更有好感。比如:

销售顾问:"张先生,真的抱歉,我们的品牌还没被您认识,看来我们的品牌宣传还有待提升。对于贴膜方面,您比较了解的品牌有哪些呢?"

客户:"3M品牌。"

3．使用垫子

通过使用垫子,就是强调客户话题的普遍性,为处理异议良好过渡。比如:

销售顾问:"的确,像您这类精英人士,对3M品牌的确了解得多一些。看来我们也应该多把品牌宣传工作向你们精英人士靠拢。"

4．主导客户

用主导的话术,掌握话语权,设立标准,为阐述品牌价值埋下伏笔。比如:

销售顾问:"3M品牌是全世界贴膜的三大品牌之一。"

客户:"还有两个是什么?"

销售顾问:"一个是雷朋,另一个就是我给您推荐的品牌了。"

5．阐述品牌价值

既然客户没有听过我们的品牌,那么作为一名销售顾问的重要任务就是对客户进行品牌讲解。如果通过讲解能让我们的品牌深入客户内心,就能在之后实现持续的销售。比如:

销售顾问:"3M更多是走大众化的宣传路线,而我们的品牌过去主要是做行业内的宣传路线。我们是德国的品牌,已经有100多年的历史,专注于做汽车贴膜。很多豪华品牌的车都是使用我们的品牌。"

优秀话术／EXCELLENT TALK

销售顾问:"张先生,真的抱歉,我们的品牌还没被您认识,看来我们的品牌宣传还有待提升。对于贴膜方面,您比较了解的品牌有哪些呢?"

客户："3M 品牌。"

销售顾问："的确,像您这类精英人士,对 3M 品牌的确了解得多一些。看来我们也应该多把品牌宣传工作向你们精英人士靠拢。3M 品牌是全世界贴膜的三大品牌之一。"

客户："还有两个是什么?"

销售顾问："一个是雷朋,另一个就是我给您推荐的品牌了。3M 更多是大众化的宣传路线,而我们的品牌过去主要是做行业内的宣传路线。我们是德国的品牌,已经有 100 多年的历史,专注于做汽车贴膜。很多豪华品牌的车都是使用我们的品牌。"

优秀分析／ANALYSIS

迎合客户,使用垫子强调问题的普遍性,再通过主导的方法设立标准掌握话语权,最后转向阐述品牌价值。

6.6 客户说:"你们这款镀膜就是王婆卖瓜,自卖自夸"怎么办

情景呈现

王子璐是明星汽车 4S 店的销售顾问。这一天,王子璐在向一位客户推荐一款镀膜产品,客户觉得价格有点贵。于是,王子璐便耐心地向客户阐述这款镀膜的价值。从品牌到性能,进行了一系列的对比。可听完介绍,客户却冷冷地丢下了一句话。

客户:"你们就是王婆卖瓜,自卖自夸嘛。"

王子璐听了心里很不是滋味。

王子璐:"你要是这么说,我也没办法。"

① **错误话术** ／ WRONG TO SPEAK

销售顾问："您要是这样说，我也没办法。"

① **错误分析** ／ ERROR ANALYSIS

这完全是销售顾问赌气的说法。

② **错误话术** ／ WRONG TO SPEAK

销售顾问："反正我怎么说你都不相信。"

② **错误分析** ／ ERROR ANALYSIS

这样的话术看上去是在向客户示弱，但同样会让客户感到尴尬，甚至站在对立面。相当于是在告诉客户，客户对销售顾问缺乏基本的信任感。而事实上，客户的言语，未必是真的没有信任感。

```
IDEAS TO EXPLAIN
思／路／讲／解
```

∨

销售顾问在销售后市场产品时，被客户说成是"王婆卖瓜，自卖自夸"是经常会发生的事情。中国的传统文化主张的理念是谦逊，而商人的夸耀式语言，自然容易让客户形成"王婆卖瓜，自卖自夸"的印象。

然而，从销售的角度而言，自卖自夸并没有任何错误。"自卖自夸"实际上是从客户的需求出发，突出产品的特点、优点和利益点。只要"夸"得是有理有据，不是过度吹嘘和虚假承诺，销售顾问大可不必在意客户这样的言辞。

如果销售顾问此时过分在意，反而丧失了销售的机会，相反销售顾问倒是可以轻松幽默地迎合客户，主动掌握话语权，进一步诠释产品的优势，并适时地使用垫子。

常用的步骤如下：

1. 幽默地迎合客户

客户说我们"王婆卖瓜，自卖自夸"未必是对我们产品的不认可。如果他真的不认可，完全没有必要花这么久的时间来听我们介绍。嫌货才是买货人，客户能耐心了解这么久，说明对我们的产品是有兴趣的。

客户之所以这么说，可能是为了后续的讨价还价找理由，也可能就是无心一语。此时，销售顾问也不必针锋相对。用一句幽默的话术去迎合客户，一方面缓解了尴尬的气氛，另一方面可以赢得客户的好感。比如：

销售顾问："张先生，您真有洞察力，我们对这款镀膜还真是在自卖自夸了。因为其他的品牌我们都不敢这样夸，就这一款我们有自信铆足了劲去夸。"

2. 用体验与演示的方法打消客户顾虑

客户之所以会说销售顾问"王婆卖瓜，自卖自夸"，可能是因为他自身对产品的不了解。由于产品的功能太新，客户之前没有见过，而仅仅通过语言的描述，又无法有效地诠释产品的全部特质。因此，客户会把我们之前的描述，理解成为只是一个噱头。这个时候最有效打消客户疑虑的方法就是体验与演示。通过体验和演示，真理不辩自明。所以，销售顾问要把话题转移到体验和演示上来。比如：

销售顾问："张先生，您还不相信的话，我演示给您看。您看这是普通品牌的镀膜产品，而这个是我们超泼水系类的镀膜产品。我们把它涂在玻璃上，模仿下雨天的淋水，玻璃上的这层油膜，让雨水的水滴快速滑落，您看是不是真的不用开雨刮器，都可以有清晰的视觉效果。"

3. 使用垫子

通过使用垫子，就是强调客户话题的普遍性，给客户一个台阶下。比如：

销售顾问："其实像您刚才提出的问题，此前也有不少客户提出过，但他们看了演示，顾虑都解决了，我想您也是一样吧。"

销售顾问："张先生，您真有洞察力，我们对这款镀膜还真是在自卖自夸了。因为其他的品牌我们都不敢这样夸，就这一款我们有自信铆足了劲去夸。您还不相信的话，我演示给您看。您看这是普通品牌的镀膜产品，而这个是我们超泼水系类的镀膜产品。我们把它涂在玻璃上，模仿下雨天的淋水，玻璃上的这层油膜，让雨水的水滴快速滑落，您看是不是真的不用开雨刮器，都可以有清晰的视觉效果。其实像您刚才提出的问题，此前也有不少客户提出过，但他们看了演示，顾虑都解决了，我想您也是一样吧。"

轻松幽默地迎合客户，主动掌握话语权，进一步诠释产品的优势，并适时地使用垫子。

6.7　客户说："你们这个品牌的雨刮器假货太多"怎么办

情景呈现

王子璐是明星汽车 4S 店的销售顾问。这一天，一位老客户回到店里替换雨刮器，王子璐介绍了一款目前市面上知名度很高，非常热销的雨刮器。

客户："你们这个雨刮器的品牌是很知名，可是假货太多了。"

王子璐："您放心，我们店里的肯定是正品。"

客户："都是这么说的，我也不知道是真是假啊？"

王子璐："我们 4S 店是绝对不会卖假货的。"

① 错误话术／WRONG TO SPEAK

销售顾问："我们4S店是绝对不会卖假货的。"

① 错误分析／ERROR ANALYSIS

语气虽然很坚定，但是没有说服力，无法赢得客户的好感。

② 错误话术／WRONG TO SPEAK

销售顾问："大品牌，假货多，很正常。"

② 错误分析／ERROR ANALYSIS

这样的话术看上去是在向客户证明品牌好，但同时又暗示了有假货是很正常的现象的感觉。

③ 错误话术／WRONG TO SPEAK

销售顾问："卖假货的都是些不正规的路边店。"

③ 错误分析／ERROR ANALYSIS

完全没有了解客户的心理所想，乱下定义，很容易和客户站到对立面。如果客户说，电视上报道了很多正规店也卖假货的新闻，那么销售顾问就无话可说了。

```
IDEAS TO EXPLAIN
思／路／讲／解
```
∨

当前，汽车后市场产品生产和销售还不是特别规范。尤其是一些品牌热度高、科技含量低的产品，市面上常常充斥了不少假货。所以，每当遇到这类产品时，客户往往犹豫不决难以选择，担心会上当受骗。

面对假货，客户也不知该如何判断，所以会产生这样的异议。客户的异议，并不是对我们的产品或销售不认可，只是存在疑虑，因此销售顾问面对这样的异议，要做的就是用专业和信任打消客户的疑虑。

客户的疑虑主要来自以下三个方面：

（1）4S店有没有欺骗我。

（2）销售顾问有没有欺骗我。

（3）真货与假货应如何区分。

解决此类客户异议，销售顾问常用的销售步骤如下：

1．认同客户找到共同战线

客户说假货多，并不是说我们卖的是假货，所以千万不要自我暗示，与客户站到了对立面。相反，学会去认同客户，反而可以收获意想不到的效果。客户说假货多，其实他是希望在销售顾问那里寻求到一种心理的安慰，达到心理的平衡。因此，销售顾问应该顺藤摸瓜，借着客户提出的异议话题，把客户和自己捆绑在一起，建立统一战线。

2．讲解真货与假货的区别模式

客户担心的是假货太多，无法辨别。那么，销售顾问就可以从专业的角度教给客户一些辨别真假的方法。当然，这些方法尽量不要讲得太过复杂，否则可能让客户更加难以辨别，最好是通过演示的方法让客户直观感受。这就是销售顾问建立标准的过程。

3．建立信任感，让客户放心

俗话说，"卖产品不如卖自己"。让客户能够真正放心购买的理由关键不在产品本身，而是在4S店和销售顾问。建立信任感，才是让客户放心购买的重要因素。销售顾问可以将店铺陈列的厂家授权证书、各类奖牌、照片等展示给客户看，以更加权威的形式加强客户的信任感。

优秀话术／EXCELLENT TALK

客户："你们雨刮器的品牌倒是知名，但是听说假货特别多。"

销售顾问："张先生，您说的问题我太赞同了。现在市面上这个牌子的雨刮器假货真是防不胜防。部分商家诚信很差，常常以次充好。一旦客户买到了假货，钱财损失不说，雨刮器刮不干净，还会严重影响行车的安全。而且他们这些卖假货的商家，把我们这些诚信经营的商家也影响了，对于他们，我们和您一样反感。"

客户："都这么说，我也不知道你们是真是假啊？"

销售顾问："您这么说我非常理解，真假货难以区分，真是不知如何辨别。不过，我今天可以给您一个辨别的方法。"

客户："什么方法？"

销售顾问："看包装盒。"

客户："包装盒怎么看，包装盒也可以造假啊？"

销售顾问："雨刮器通常都是弯的，如果韧性不够好，掰直就无法再还原了。您看市面上绝大多数品牌的雨刮器包装都是弯的。"

客户："嗯。"

销售顾问："但咱们品牌的雨刮器是钢的，是经过特殊处理的，韧性非常强，所以包装盒我们采用的都是直的盒子。把雨刮器从盒子里拿出来，它自然恢复到了原来的形状。"

客户："嗯。"

销售顾问："但假货肯定是做不到这个技术的，他们用的雨刮器的包装盒都只能是弯的。所以，这个品牌的雨刮器的真假你可以通过看包装盒就可以有效甄别。"

客户："这个方法不会是你自己编的吧？"

销售顾问："张先生，我们都这么熟悉了您还不信任我吗？就是您不信任我，也应该信任我们店啊。您看我们是厂家授权的特约经销店，这里有厂家给我们的授权证书，还有我们参加厂家培训的照片呢。"

优秀分析／ANALYSIS

这是一套把异议变成了共识的话术，让原本是对立面的销售顾问和客户，站到了同一条战线上。

6.8 客户说："我的车又不是豪华车，这保养套餐就是浪费钱"怎么办

情景呈现

王子璐是明星汽车 4S 店的销售顾问。这一天，一位老客户回到店里给爱车进行保养。经过对车况的检查与分析，王子璐给出了一套保养建议，客户看完保养方案，似乎觉得价格太高了。

客户:"我的车又不是豪华车，这保养套餐就是浪费钱啊。"

王子璐:"张先生，这您就不懂了，越是不好的车越需要好的保养。"

客户听了一脸的不悦。

客户:"我们这些开差车的没那么多钱，你给我最基础的保养套餐就好了。"

① **错误话术／WRONG TO SPEAK**

销售顾问:"张先生，这您就不懂了，越是不好的车越需要好的保养。"

① **错误分析／ERROR ANALYSIS**

否认客户，与客户站在对立面，无法赢得客户的好感。直接说客户的车不好，会让客户更加反感。

② **错误话术／WRONG TO SPEAK**

销售顾问:"这个保养套餐也不算贵啊。"

② 错误分析／ERROR ANALYSIS

这句话实际是在说："你怎么连这么便宜的保养套餐都做不起啊。"一方面否认了客户的车辆，另一方面也在贬低自己的产品。

③ 错误话术／WRONG TO SPEAK

销售顾问："那我给您推荐一款更便宜的套餐吧。"

③ 错误分析／ERROR ANALYSIS

保养套餐不应该按贵和便宜去区分，而应该通过合适与不合适来辨别。在没有完全了解客户意图的情况下，改变之前的销售方案，反而会让客户更加没有信心。

```
IDEAS TO EXPLAIN
思／路／讲／解
```

∨

汽车的保养方案并不是完全根据车辆的档次决定，而是根据车主的使用习惯和磨损程度决定。汽车的保养关系到车辆的寿命及行驶安全，所以为客户推荐保养方案要做到专业和匹配。保养方案不一定要最贵，但一定要最合适。

然而，很多客户未必这样理解，他们认为车辆保养，基础套餐就足够了，因此产生了这样的异议。但是，需要注意的是，客户说自己的车不是豪华车，其实并不是在否认自己的车辆，没有哪个车主愿意别人说自己的车辆不好。

客户之所以这么说，主要有以下三点原因：

（1）判断是否真的需要这样的保养套餐。

（2）讨价还价。

（3）以自嘲的形式，让销售顾问夸赞他的车辆。

因此，解决此类客户异议，千万不要上来就说客户的车差，这样必然引起客户的反感。销售顾问常用的步骤如下：

1．幽默赞扬，避免尴尬

客户说自己的车不是豪华车，没必要做这么好的保养。并不是真的在说车不好，而是在说保养套餐的问题。这个时候销售顾问刚好可以巧借这样的话题，从保养套餐引导回车上，幽默地从另一个角度称赞客户。比如：

销售顾问："您这都不是好车，那还有什么好车啊。您这可是选的顶配的车啊。"

销售顾问："咱们的车虽然不是豪华品牌，但性能至上啊，说明您挑车有眼光。"

2．利用主导的话术，强调保养的重要性

当幽默的赞扬完成后，快速地转移话题，通过主导转移到介绍保养的重要性上来。不让客户在车的好坏与否上纠结。

3．通过垫子的话术，强调客户问题的普遍性

保养采用什么套餐或配件，最好的方法就是用数据说话。强调问题的普遍性，找到同样车型的保养记录。

4．通过消极暗示法，创造客户的需求

保养涉及车辆行驶的安全，适当在安全话题上，做一些消极暗示，可以提升客户的重视程度。

优秀话术／EXCELLENT TALK

客户："我的车又不是豪华车，做这么贵的保养套餐，就是浪费钱。"

销售顾问："张先生，您真会说笑，您这都不是好车，那还有什么好车啊。您这可是选的顶配的车啊。咱们的车虽然不是豪华品牌，但性能至上啊，说明您挑车有眼光。您选择这么好性能的车，平时跑越野路面一定很多吧？"

客户："是的。"

销售顾问："您知道越野路面，对于车辆的磨损是非常严重的。如果不及时保养，后面车辆的倾角是很难再调教的。之所以给您推荐保养更全

面的这款套餐，就是因为您的车性能好，经常跑越野路。"

客户："用基础套餐不行吗？"

销售顾问："其实这个问题，之前也有车主提到过，但当我们告诉他们，这款保养套餐对其日后驾车安全的重要性后，95% 的车主都选择了这款套餐，您看这是我们的销售记录。"

优秀分析／ANALYSIS

保养不在于车辆的好与不好，而在于是否合适。优秀的话术，就是找到客户的需求点，让他充分感受到产品方案的合适性。

6.9 客户说："保险，我去买电话车险"怎么办

情景呈现

　　王子璐是明星汽车 4S 店的销售顾问。这一天，一位 20 多岁的客户选购了一款新车后，王子璐开始和客户谈新车投保的事宜。

　　王子璐："张先生，平安、人保和太平洋保险，您打算投哪一家呢？"

　　客户："保险，我去买电话车险就好了。"

　　王子璐："张先生，这不可以，新车投保一定要在我们的店里投保。"

　　客户："这是什么规矩，你们这是强买强卖啊。"

　　王子璐："这个没办法啊。"

① 错误话术／WRONG TO SPEAK

销售顾问："张先生，新车投保一定要在我们的店里。"

① 错误分析／ERROR ANALYSIS

这样的话术，带给客户的是一种强买强卖的感觉，增强了客户的对立情绪。

② 错误话术／WRONG TO SPEAK

销售顾问："电话车险没有我们 4S 店投保好。"

② 错误分析／ERROR ANALYSIS

这样的话术完全没有任何说服力。保险的功能都是一样的，不是你说"好"就是"好"的。要让客户信服，必须有理有据。

③ 错误话术／WRONG TO SPEAK

销售顾问："那你就去买电话车险吧。"

③ 错误分析／ERROR ANALYSIS

这是对自己没信心，也是对客户不负责的话术。

```
IDEAS TO EXPLAIN
思／路／讲／解
```
∨

保险是汽车后市场产品中一个非常重要的产品。保险分为新保和续保两类。一般来说，绝大多数的购车客户新保都会在 4S 店购买，但是到了续保的时间，有部分车主就会选择电话车险或者是其他渠道购买车险。

销售顾问在新车投保时需要通过话术和服务引导消费者，强调在 4S 店投保的优势和好处，这样才能为之后带来更好的续保率。同时，车辆选择在 4S 店投保，实际也大大提高了事故车的回厂率，间接增进了售后产值。

所以，我们可以看到，在后市场产品中，保险对于 4S 店而言可谓是核心产品。但如果像情景中的销售顾问那样，最多也就能卖出个首保，未来的续保肯定难以完成。

客户之所以会提出买电话车险，核心的原因无非就是：电话车险的价格更便宜。

因此，面对此类客户异议，销售顾问如果从价格的角度去竞争，一定没有什么优势，销售顾问应该通过话术，强调在 4S 店购买保险，优于电话车险的主要优势。

具体步骤如下：

1. 迎合客户，并询问客户提出异议的原因

当客户提出要购买电话车险时，先不要急着否认客户，更不要用业内一些不成文的约定去限制并不知情的客户，这样容易造成客户的抵触和反感。说不定还会弄巧成拙，保险没卖成，还把整车销售的单也丢掉了。先通过认同 + 反问的方式，了解客户提出异议的原因。

2. 使用垫子，合理解释

了解了客户的真实所想以后，可以通过垫子的方法，强调问题的普遍性，降低客户的对立情绪。继而再通过合理的解释，告知客户，新车首保大多都要选择 4S 店的原因。

3. 通过对比，强调 4S 店投保的优势

虽然 4S 店购买保险要比电话车险的价格贵，但并不是所有的客户都一定要挑最便宜的。通过对比，强调 4S 店购买保险的优势，突出产品的价值。这样为后期续保服务也埋下了有效的伏笔。

优秀话术 / EXCELLENT TALK

客户："保险，我还是去买电话车险吧。"

销售顾问："张先生，同样是保险，您为什么要选择电话车险，而不在我们店里购买呢？"

客户："电话车险比你们店里卖得便宜啊。"

销售顾问："原来是这样啊。张先生，其实很多新购车的客户一开始的时候也有过和您同样的想法，认为保险都是一样的，电话车险更便

宜。但后来，当他们了解了车险的细节后，绝大多数又都选择了在店里投保。店里买保险，确实比电话车险贵一点，但提供的服务有着本质的不同。"

客户："有什么不一样呢？"

销售顾问："首先，服务方式不一样。如果车主选择购买电话车险，汽车出险后，车主需要主动联系业务员办理，其间车主可选择 4S 店维修、外边维修点维修或通过熟人维修三种方式，由此修理过程则需要车主自己跟进，在一定程度上会造成一些麻烦。如果被保险公司的业务人员推荐到外边维修点修车，得利的是业务人员和保险公司。如果车主选择 4S 购买车险出险后，保险公司通过电脑查询得知保单是 4S 店的保单后，由于有具体的服务点，保险公司则会发一条短信通知 4S 店相关保险业务员，并有保险业务员主动电话联系车主进行跟踪服务。因此，在服务方式上选择 4S 代购保险较为贴心。其次，赔付额度不一样。出险后，选择电话车险的客户多选择外边维修点，对于维修点的选择，保险公司的赔付额度也会有所差别，定损结果一般都是保险公司说了算；由于 4S 店每年给保险公司带来上千万的保费，规模较大的 4S 店就是保险公司的 VIP，客户在 4S 店购买保险，客户就相当于多了一层保护伞，定损价格是可商可议的，保险公司会根据 4S 店提供的价格进行全额赔付，不会有差价。而外面的修理厂被保险公司认定为二类以下的修理店，相应赔付会打一个折扣，两者之间的差价可以达到 30%。假设汽车刮花需要更换油漆，同样 1 000 元的产品，4S 店能得到全额维修补偿，而普通修理厂则只能得到 700 元，由此所带来的修理质量是完全不一样的。所以，去 4S 店代办保险还是比较有质量保障。最后，保费价格几乎是一致的。电话营销主要是省略了人工服务成本，没有具体的实体地点来给客户提供服务，4S 店内投保和电话营销差价也就在 15%。比如第一年买商业险是 3 000 元，如果不出险报案赔偿，第二年 4S 店就是 8.1 折：2 430 元，电话营销就是 3 000×0.81×0.85＝2 065 元，相差 365 元，平均一天多花 1 元。如果加上 4S 店送的礼品，其实差距不大，但是相差的服务就很多了。"

优秀分析／ANALYSIS

迎合＋垫子＋主导的话术模式，将客户的异议转化为介绍产品的优势。

6.10 客户说："你们这么大品牌轮毂，做工怎么还这么粗糙"怎么办

<table>
<tr>
<td rowspan="1">情景呈现</td>
<td>王子璐是明星汽车 4S 店的销售顾问。这一天，一位客户前来换轮毂，王子璐推荐了一款非常知名品牌的轮毂。客户拿到产品后，非常仔细地进行了查看。

客户："你们这么大品牌的轮毂，做工怎么还这么粗糙？"

王子璐："哪里粗糙了？这不是挺好吗？"

客户："挺好？你看看接头这里的瑕疵。"

王子璐："这个没关系的，不影响使用。"</td>
</tr>
</table>

① **错误话术**／WRONG TO SPEAK

销售顾问："哪里粗糙了？这不是挺好吗？"

① **错误分析**／ERROR ANALYSIS

质疑反问客户，增强了客户的对立情绪。

② **错误话术**／WRONG TO SPEAK

销售顾问："这个没关系的，不影响使用。"

② **错误分析**／ERROR ANALYSIS

这样的话术显示出一副无所谓的态度。会带给客户一种认为整个品牌不负责任的感觉，严重影响了品牌美誉度。

③ **错误话术**／WRONG TO SPEAK

销售顾问："这个行业里都是这样的。"

③ **错误分析**／ERROR ANALYSIS

如果行业里都是一样，我为什么不买一个更便宜的品牌呢？

IDEAS TO EXPLAIN
思／路／讲／解

∨

关于后市场产品的做工质量问题。在工业品制造中，由于批次不同部分产品是会在质量标准合理的范围内，产生一定瑕疵的。这些瑕疵对于产品的使用和安全并不会产生影响。

然而，在客户的眼里，品牌越知名，做工就应该越好。首先，客户是认可知名品牌的，因此对这个品牌就会有一个心理预期，尤其是追求完美的客户，期待知名品牌的产品都是完美无瑕的。

当客户看到了产品瑕疵，就会产生期望落差，期望落差越大，就越会形成购买时的心理障碍。所以销售顾问面对这类客户异议的核心，就是降低客户的心理落差。

面对针对产品瑕疵异议的客户，千万不能给出一副无所谓的态度。像案例中的销售顾问，会带给客户一种认为整个品牌不负责任的态度，严重影响了品牌美誉度。

销售顾问应该从以下几点引导客户：

1．借力打力，强调品牌

客户提出这样的异议，说明客户对我们的品牌印象较好。这个时候销售顾问一定要敢于接招，让品牌形象再度巩固。告诉客户，我们就是行业内最优秀的品牌。虽然你看到了产品上的一些瑕疵，但我们已经是行业的最高水平。

2．以退为进，合理解释

在强调了品牌优势后，就不要继续在产品做工上反驳客户了。虽然销售顾问自己清楚，做工质量的问题所在，但唇枪舌剑地说服客户，未必就能赢得客户的认可和好感。不如，先以退为进，承认客户指出的问题，再进一步给出合理的解释。

3．通过对比，证明优势

语言的说服之后就是体验和演示了。我们的品牌做工到底好不好，多拿出几个品牌的产品现场演示比较即可清楚。

优秀话术／ EXCELLENT TALK

销售顾问："张先生，您提出这个问题，我真的要感谢您。首先感谢您对我们品牌的认可。的确，我们就是行业内最大的品牌，在这个行业里我们是行业的标杆。虽然您刚才看到了一些所谓的瑕疵，但我们的产品绝对是行业里质量最好、瑕疵最少的。之所以会有您看到的瑕疵，是因为轮毂产品受到了一些技术要求的限制。您刚才提出的问题，确实是我们需要做进一步改善的。之所以会出现您提出的接头瑕疵，我们是为了在关键的部位对轮毂进行加厚增强处理，通常情况下，接头处是最容易产生质量安全隐患的，增强处理后就消除了这个隐患。虽然从美观度上还要改进，但能把这样的技术做到极致的，目前也只有我们品牌。这就好比苹果手机的凸起摄像头，虽然很多人批评，但其工艺已经是目前最好的了。这样，我给您对比一下，我们把三个不同品牌的轮毂放在一起，您用手摸一摸三个轮毂的接头位置，您可以感觉一下是不是我们的最平滑呢？"

优秀分析 ／ ANALYSIS

先迎合客户把话题转移到品牌上来，再通过以退为进的合理解释博得客户的好感，最后通过对比演示，增强客户的信心。

6.11 客户想要的后市场产品品牌不在我们的经销范围内怎么办

情景呈现

王子璐是明星汽车 4S 店的销售顾问。这一天，一位客户前来换机油，客户明确指出选择 × 牌机油，而恰巧店里并不经营这个品牌的机油。

客户： "我想选 × 牌的机油。"

王子璐： "张先生，× 品牌机油不好，我们不经营这个品牌的机油，我建议……"

客户： "我朋友都推荐 × 品牌的机油啊。"

王子璐： "你朋友不懂。"

客户： "就你懂。"

① **错误话术** ／ WRONG TO SPEAK

销售顾问："× 品牌的机油不好。"

① **错误分析** ／ ERROR ANALYSIS

当销售顾问在攻击竞争品牌的同时，也是在对客户的观点给予否定，一不小心就和客户站在了对立面。

② **错误话术** ／ WRONG TO SPEAK

销售顾问："我们没有 B 品牌的机油。"

② **错误分析**／ERROR ANALYSIS

直接说出没有产品，基本失去了本次销售的机会。

IDEAS TO EXPLAIN
思／路／讲／解

∨

在汽车后市场中，产品的品类多，品牌杂。客户提出的产品品牌不一定在我们的经营范围内，客户的需求也不是随时都能得到直接的满足。

当客户提出的品牌不在我们的经营范围内时，有些销售顾问就很紧张，担心影响销售。所以迅速地对竞争品牌使用攻击性的话术。殊不知，当销售顾问在攻击竞争品牌的同时，也是在对客户的观点给予否定，一不小心就和客户站在了对立面。

其实，客户提出其他的品牌，并不等于客户就非常忠诚于那个品牌，更不等于我们就失去了销售机会。作为销售顾问先要弄清楚客户为什么会提出竞争对手的品牌。

一般来说，客户主动提出一个后市场产品的品牌名，主要有以下三点原因：

（1）前期的品牌认知不多，随口说出。

（2）听朋友介绍。

（3）之前使用过，并感觉效果不错。

这个时候销售顾问不要操之过急，更不要乱了阵脚，而要有计划、有步骤地引导客户。即便是这次销售没有成功，也要让我们的品牌在客户的心中加深印象。

常用的销售步骤如下：

1. 迎合客户，探询其选择那个品牌的真实原因

客户提出对其他品牌的喜好，不要急于否定对方，可以先认同客户，再试着询问客户选择那个品牌的原因。只有先找到原因，才能让后面的销售一针见血。

2．委婉道歉，主导话题

当客户陈诉了对其他品牌喜好的理由后，销售顾问应在认同的基础上，礼貌地告知客户我们不经营这个品牌的产品。同时用主导的方式掌握话语权，设立标准，把客户引导到我们的品牌上来。

3．拿出数据，从众心理

因为客户心里先入为主的是其他品牌，所以要说服客户仅凭语言还不够，能够拿出有效的数据，证明更多和他一样的车主都选择了我们的品牌，这样更有权威性。同时，基于客户的从众心理，因势利导为我所用。

优秀话术／EXCELLENT TALK

销售顾问："张先生，您喜欢 × 品牌的机油啊。× 品牌确实是个优秀的品牌。您为什么会选择这个品牌呢？是之前用过呢？还是朋友介绍？或者是其他什么原因？"

客户："我朋友推荐的。"

销售顾问："原来是因为您朋友都在选择 × 品牌的机油啊，那您朋友开的是什么车呢？"

客户："丰田车。"

销售顾问："× 品牌是机油国际三大品牌之一，您知道它和其他两个品牌机油的差别吗？"

客户："不知道。"

销售顾问："这三大品牌的机油刚好适合国际主流的三类车的发动机。× 品牌适合日本车，A 品牌适合美国车，B 品牌更适合您开的德国车。很不好意思的就是，因为我们店里卖的都是德国车，所以主要经营的是 B 品牌的机油，目前没有经营 × 品牌。B 品牌也是国际三大品牌之一，而且更适合德国车使用。"

客户："真的吗？"

销售顾问："张先生，您看我们 B 品牌的机油也有着极高的市场占有率，尤其是在德系车的领域。您看我们的销售数据，周边几个小区的德系车主 80% 都是使用 B 品牌的机油，所以我建议您这次尝试一下 B 品牌的机油。"

优秀分析／ANALYSIS

不惧客户的先入为主，通过迎合与主导，用事实打动客户，有效改变客户的观点。

6.12 客户认可我们的产品，但客户的太太不认可怎么办

情景呈现

王子璐是明星汽车 4S 店的销售顾问。这一天，张先生夫妇来到店里想给爱车加装一套大包围。王子璐推荐了一套近来热门的改装件，张先生看起来爱不释手，但张太太的态度却有些冷淡。

张先生："我觉得这款还不错。"

王子璐："张先生，喜欢的话就赶紧订下来啊。"

张太太："再看看吧。"

王子璐："张先生，现货只剩下最后一套了，您要赶紧拿主意啊。"

张太太："我不喜欢。"

① 错误话术／WRONG TO SPEAK

销售顾问："哪里不好了？"

① 错误分析／ERROR ANALYSIS

这是一个典型的攻击性的话术，会引起客户家人的反感和对立，同时

这种情绪也会传染到客户身上，使得我们失去销售机会。

② **错误话术** / WRONG TO SPEAK

销售顾问："这个还是要买车的人自己决定才好。"

② **错误分析** / ERROR ANALYSIS

这样的话术，是在离间客户和家人，会引起其家人的更大不满。此时，客户的家人会进一步劝说客户，影响其选择决策。

③ **错误话术** / WRONG TO SPEAK

销售顾问："……"

③ **错误分析** / ERROR ANALYSIS

对于客户家人的观点不理不睬，会使对方认为得不到基本的尊重。为了突显自己的存在感，客户的家人可能还会提出更多的反对意见。

IDEAS TO EXPLAIN
思／路／讲／解

V

客户来到汽车展厅，往往都是由家人或朋友陪伴而来。一般来说，对于汽车及其后市场产品而言，一个家庭往往更多的是由先生做决策，但太太的意见也会对先生的决策有重要的影响。

所以，在销售过程中，千万不要忽视了客户的家人。既不可以对客户的家人不理不睬，更不可以与之激烈争论。如果这样，很容易失去销售机会。销售顾问要与客户的家人建立友好的关系，化被动为主导，共同为客户推荐合适的产品。

常用的销售步骤如下：

1. 赞美其家人，了解其内心真实所想

客户的家人提出不同的观点或是反对意见一定有其内在的原因。一般

来说，以三种原因最为常见：

（1）自身另有喜好。

（2）希望自己受到重视，故意提出不同观点。

（3）为讨价还价埋下伏笔。

对于这样的情况，销售顾问一定不要慌了阵脚，要保持态度的平稳，对家人提出的不同观点，表示感谢，再询问其内心的真实想法。比如：

销售顾问："张太太，真看不出，您对车也这么了解，而且观察又细致，真是张先生的贤内助。您希望再看看主要是在考虑哪个方面呢？您觉得什么样的款式改装更适合张先生呢？"

2．使用打岔的方法，避开不同意见，谈共同的喜好

了解了客户家人的喜好和想法之后，销售顾问不要在不同的观点上做过多的纠结。因为主要决策人是认可的，如果解释得太多，反而容易引起决策客户的过多想法。同时，与客户的家人站到了对立面上。可以采用打岔的方式，故意避开不同意见，谈客户与家人都共同认可的内容，同时让客户的家人感到受重视。比如：

销售顾问："感谢张太太的建议，张太太提到喜欢改装的款式更有线条感，一听就知道很有审美天赋。有这么好的太太跟着来看车，相信我们一定能帮张先生选择一款最合适的改装件。您看，刚才张先生喜欢的这款大包围，就是具有完美的线条设计……"

3．关注客户家人，与其站到统一战线

在整个销售过程中，一定要始终用目光关注客户的家人，表示对其的尊重。同时尽可能通过交谈，与客户的家人达成共识，在同一战线上为客户选择商品。

优秀话术／EXCELLENT TALK

销售顾问："张太太，真看不出，您对车也这么了解，而且观察又细致，真是张先生的贤内助。您希望再看看主要是在考虑哪个方面呢？您觉得什

么样的款式改装更适合张先生呢？"

张太太："我考虑多对比一下材质，我觉得他更适合线条感强的款式。"

销售顾问："感谢张太太的建议，张太太提到喜欢改装的款式更有线条感，一听就知道很有审美天赋。有这么好的太太跟着来看车，相信我们一定能帮张先生选择一款最合适的改装件。您看，刚才张先生喜欢的这款大包围，就是具有完美的线条设计……"

优秀分析／ANALYSIS

从容地面对客户家人的不同观点，找到三个人之间的共识，才能帮客户做出最合适的选择。

议价谈判环节——成交前的临门一脚

7.1 客户说："你们的导航还可以就是太贵了"怎么办

情景呈现

王子璐是明星汽车 4S 店的销售顾问。这一天，张先生来到店里给爱车加装导航。在介绍和体验了导航的功能后，张先生比较满意。

客户："你们这款导航还不错，就是太贵了。"

王子璐："已经不贵了，以前更贵。"

客户："这个价还叫不贵啊。"

王子璐："张先生，一分价钱一分货嘛。"

客户："东西好，也太贵了，人家都没这么贵。"

① 错误话术／WRONG TO SPEAK

销售顾问："已经不贵了，以前更贵。"

① 错误分析／ERROR ANALYSIS

直接对客户进行否认，很难说服客户，容易和客户站到对立面。

② **错误话术** / WRONG TO SPEAK

销售顾问："一分价钱一分货。"

② **错误分析** / ERROR ANALYSIS

看似是在说价值，其实语言会让客户感到被轻视。

③ **错误话术** / WRONG TO SPEAK

销售顾问："那您说多少钱合适？"

③ **错误分析** / ERROR ANALYSIS

过早地让客户报价会使销售顾问陷入被动。

```
IDEAS TO EXPLAIN
思／路／讲／解
```

∨

　　讨价还价，是销售中最常见的异议。客户永远都是希望买到物美价廉的产品，抱怨价格贵是客户的习惯。客户会找一系列的理由去告诉销售顾问，产品价格太贵，希望能便宜些。但并不是每一次客户谈到价格，销售顾问都要针对价格去反复讨论。如果销售顾问不能让客户充分认识到产品带给他的价值，他会一直认为价格贵，无休止地陷入价格谈判当中。

　　一般来说，在一次销售过程中，客户主要有三次讨价还价的时机。

1. 口头要求

口头要求往往就是随口说"这个产品怎么这么贵啊""能不能便宜点"之类的话题。

2. 拿各类竞争对手进行对比

当客户对产品有一定了解之后，往往会与竞争对手进行对比，力求讨价还价。比如：其他品牌、同城其他店、网店等。

3．最后的通牒

这是在对产品完全了解，也发出购买意向后，成交之前的最后压价。

从这三个时机，我们可以看出，只有最后通牒的环节是和价格直接相关的，其他的两个环节客户都还未做出购买决定，过多的价格谈判只会让后续商谈中，销售顾问失去价格的谈判底线。因此，除了最后通牒环节的讨价还价，其他价格异议并不适合直接进行价格谈判，而更应该把价格转化为价值。

情景中的客户价格异议，是典型的口头要求，这个时候销售顾问容易产生的情绪，要么是惊慌失措，要么是生气。

最常见的销售顾问不当的应对有以下三种：

1．对客户说不贵

这是直接对客户的否认，很难说服客户，容易和客户站到对立面。

2．对客户说一分价钱一分货

这样表达看似是在说价值，其实语言会让客户感到被轻视。

3．让客户报价

这是最不可取的方法，因为此刻销售还未进行到最终谈判价格环节，客户报价会过早地让销售顾问陷入被动。

面对这样的问题，销售顾问可以使用迎合、制约、垫子、主导的四步策略，将产品的价格问题转移到价值上来。

具体销售步骤如下：

1．迎合

夸奖客户有眼光，产品选得好。

2．制约

承认这款产品的价格稍微有些贵，而且优惠幅度不大，这样为后续的谈判增加砝码。

3. 垫子

告诉客户他提出价格贵的问题其实是具有普遍性的，并指出比起同类产品贵出的价格部分，更要告诉客户虽然价格贵一点点，但绝大多数客户都选择了我们的产品。

4. 主导

告诉客户我们产品贵的原因，把价格转移到价值上来，并设立了标准。

优秀话术／EXCELLENT TALK

客户："这款导航倒是不错，就是价格太贵了。"

销售顾问："张先生，您可真有眼光，一下子就选择了我们高端的导航，这款导航的确是不便宜，优惠幅度也是所有同类产品里最小的。之前有很多客户看了我们这款导航，也提出价格贵了点，在 8 000~10 000 元这个产品区间里，我们的产品确实比最便宜的要贵 1 500 元。咱们这个产品之所以比其他产品贵，主要有三个方面。"

客户："哪三个方面？"

销售顾问："第一个方面，我们的导航……"

这个时候销售顾问就已经把谈价格的话题，转移到介绍价值上来了。

优秀分析／ANALYSIS

销售顾问使用了迎合、制约、垫子、主导的话术，成功将客户随口提出的价格话题，转移到了产品价值上来。

7.2 客户说："你们的机油品牌和 ×× 品牌差不多，价格却贵很多"怎么办

情景呈现

王子璐是明星汽车 4S 店的销售顾问。这一天，张先生来到店里保养爱车，准备给爱车换机油。王子璐介绍了一款店里最近热销的机油。

客户："你们的机油品牌和 ×× 品牌差不多，价格却贵很多啊。"

王子璐："没贵太多吧？"

客户："我看过他们的产品，比你们的便宜。"

王子璐："那我也没办法了，这个价是公司订的。"

① **错误话术** / WRONG TO SPEAK

销售顾问："没贵多少啊。"

① **错误分析** / ERROR ANALYSIS

这样的回答即使客户可以介绍，也不具有影响力，很难为最终的价格谈判赢得砝码。

② **错误话术** / WRONG TO SPEAK

销售顾问："×× 品牌怎么能跟我们比。"

② **错误分析** / ERROR ANALYSIS

无论竞争对手的品牌实力是在我们之上还是之下，这样的言语都会让

客户觉得没面子，导致对立的情绪。品牌的好坏应该由客户评价，而不应该由销售顾问自说自话。

③ **错误话术**／ *WRONG TO SPEAK*

销售顾问："那我也没办法了，价格是公司订的。"

③ **错误分析**／ *ERROR ANALYSIS*

这既是对客户的不负责任，也是对销售顾问自己不负责任。

> IDEAS TO EXPLAIN
> **思／路／讲／解**
> V

这是典型的客户利用竞争对手讨价还价的话题。客户对价格有着天生的敏感，其实价格的高低对于客户而言只是一种感受。这种感受很大程度又是来自于和竞争对手的对比。一般来说，客户对于品牌知名度高且质量好的产品愿意支付高价，对于品牌知名度低但质量好的产品愿意支付中等价格，对于品牌知名度低且质量不好的产品会拒绝购买。

情景中，客户就是找到一个相同产品的相近品牌，提出我们品牌的价格比对方贵。由此，我们可以看出，此时客户心里对于两个品牌的定位是差不多的，因此希望在价格上找到平衡感。

面对情景中的价格异议，销售顾问最常见的不当应对有以下三种：

1．不承认我们的价格贵

这样的应对没有什么说服力，更像是销售顾问的自言自语，对客户几乎产生不了什么影响。

2．立即否认对方的品牌

否认对方品牌的同时，其实也是在否认客户的观点，容易和客户站到对立面。

3．表示无奈

这实际是一种逃避的表现。

其实，我们仔细去分析客户的心理就可以发现，此刻的客户对我们的品牌和产品是认可的，只是在价格方面有异议。当然，他对××品牌也是有所了解，但内心可能对××品牌还有顾虑。否则的话，客户就会直接选择××品牌的产品了。目前，客户仍然处在寻找价格谈判砝码的阶段，并没有正式进入最终价格谈判环节。销售顾问尽量不要立即去谈价格，而应该继续从价值的角度引导客户。而这个价值，就是两个品牌间的平衡点。

销售顾问要对竞争对手的品牌和产品非常了解，根据竞争对手产品的实际情况选择合适的谈判方向。

一般来说，客户提出的竞争品牌和我们之间的关系有以下几种：

（1）竞争对手实际品牌力低于我们，实际价格也低于我们。

这个时候就需要对客户去强调我们品牌的影响力和价值。

（2）竞争对手实际品牌力和我们一致，实际价格低于我们。

这个时候就需要从品牌转向产品，通过产品的优势引导客户。

（3）竞争对手实际品牌力和我们一致，但实际价格高于我们。

如果销售顾问能确认，竞争品牌的实际价格是高于我们的，那么就说明客户的言辞是故意而为之，或者客户对竞争品牌的实际价格并不了解。这个时候，销售顾问则可以放下包袱，轻松引导，但千万不要直接反驳客户，这会让客户感到没面子，产生对立情绪。

面对这样的问题，销售顾问可以使用以下四步策略，将产品的价格问题转移到价值上来。

（1）感谢客户：感谢客户对我们产品品牌的认可。

（2）迎合客户：称赞客户对品牌了解得多。

（3）设立标准：告诉客户产品价格的决定因素的标准品牌只是其中之一。

（4）突出优势：把价格转移到价值上来，突出我们产品的优势。

客户："你们的机油品牌和××品牌差不多，价格却贵很多啊。"

销售顾问："张先生，非常感谢您对我们品牌的认可。像机油这么专业的产品，看来您研究过不少品牌，可真专业啊。的确，纵观市场，××品牌和我们都属于一线的机油品牌。但是，看一款机油的价格高低，品牌只是三个要素的其中之一。"

客户："还有两个是什么？"

销售顾问："一个是机油的成分。机油有合成机油和矿物机油之分……"

这个时候销售顾问就已经把谈价格的话题，转移到介绍价值上来了。

优秀分析 / ANALYSIS

面对客户利用竞争品牌来压价，销售顾问顺着客户的话题，迎合客户，同时设立标准，突出了我们的产品优势。

7.3 客户说："你们这款贴膜，路边的汽车美容店就比你们便宜"怎么办

<table>
<tr><td>情景呈现</td><td>王子璐是明星汽车 4S 店的销售顾问。客户张先生准备在店里订购一款 SUV，顺便给新车贴个膜。在了解了贴膜的品牌和性能后。

　　客户："你们这款贴膜，路边的汽车美容店就比你们便宜。"

　　王子璐："路边美容店，怎么能和我们比？"

　　客户："贴膜不都是一样的吗？"

　　王子璐："那你为什么不找他贴呢？"</td></tr>
</table>

① 错误话术／WRONG TO SPEAK

销售顾问："路边美容店怎么能和我们比呢？"

① 错误分析／ERROR ANALYSIS

看似是对路边美容店的轻视，实际也是对客户的轻视。会让客户觉得没面子，容易产生对立情绪。

② 错误话术／WRONG TO SPEAK

销售顾问："路边美容店，他们卖的都是假货，服务还不好。"

② 错误分析／ERROR ANALYSIS

诚然确实存在着这样的路边美容店，但在没有任何调查的情况下，这样表达就是对竞争对手的恶意贬低与诋毁。这样反而容易让客户对销售顾问降低信任感。

③ 错误话术／WRONG TO SPEAK

销售顾问："我们也可以有优惠。"

③ 错误分析／ERROR ANALYSIS

这个时候还没有具体谈到价格优惠，过早地降价，会在后面的谈判中陷入被动。

IDEAS TO EXPLAIN
思／路／讲／解

∨

这也是客户利用竞争对手讨价还价的话题。因为需要追求心理对价格的平衡，客户会寻找出很多种与竞争对手比较的模式。情景中，客户找到的是一个相同产品品牌，提出路边的美容店比我们的价格便宜。由此，我们能看出，此时客户对于产品是没有太大的异议了，只是因为路边美容店的价格更低，希望能寻求平衡。

汽车行业的人士都了解，即使是同样的产品，由于人工成本和经营成本不同，4S店的售价比起路边的美容店会高出一些。因此，客户很容易抓住这个差价和4S店的销售顾问讨价还价。但是，大家也都知道与路边的美容店相比，有着三大天然的优势：

（1）可信赖度。

（2）产品匹配度。

（3）人工技术工艺水平。

所以，面对客户这样的异议，销售顾问完全不必要过度的担忧，只要合理地把我们价格高出的那部分价值体现出来即可。但是，也正是因为如此，面对情景中的价格异议，销售顾问容易产生不屑一顾的心理和情绪，一不小心可能会在言语上让客户感到不适。

常见的销售顾问的不当应对有以下三种心理：

1．不屑一顾

客户提出路边美容店的价格更低时，4S店销售顾问露出不屑一顾的神情，不仅是对路边美容店的轻视，也是对客户的轻视。会让客户觉得没面子，容易产生对立情绪。

2．大肆贬低路边美容店

贬低和攻击竞争对手，是销售很不理智的行为，容易让客户对销售顾问降低信任感。

3．对自己的价格没有信心

客户购买产品买的不仅仅是价格低，面对这种比价，销售顾问也大可不必丧失信心。

其实，我们去分析客户的心理，可以发现，此刻的客户已经选择在我们店里购车了，如果各方面条件可以平衡，他自然更愿意减少麻烦，选择直接在我们店里加装贴膜。他现在的顾虑就是同样的产品为什么我们店里的价格会贵一点点。

当然，他对路边店也是有所了解的，他只是在寻找一个心理的平衡点。

要么我们给他和路边店一样的价格，要么我们给他更多的价值。当前，客户仍然处在寻找价格谈判砝码的阶段，并没有正式进入最终价格谈判环节。销售顾问不应该立即去谈价格，而应该继续从价值的角度引导客户。而这个价值，就是两家店之间的平衡点。

面对这样的问题，销售顾问可以使用以下四步策略，将产品的价格问题转移到价值上来。

（1）表示理解：对客户提出的价格差异表示理解。

（2）使用垫子强调普遍性：告诉客户绝大多数购车客户都会选择在4S店贴膜。

（3）设立标准：设立贴膜定价的标准。

（4）故事冲击：利用场景和故事进一步冲击引导客户。

优秀话术／EXCELLENT TALK

客户："你们这款贴膜，路边的汽车美容店就比你们的便宜。"

销售顾问："张先生，看起来同样的贴膜4S店的售价的确比路边美容店贵一点。很多客户在购车时也都提出过这样的疑问。但您问问身边的朋友也会知道，绝大多数客户购车都还是选择在4S店贴膜，主要有三个原因。"

客户："哪三个原因？"

销售顾问："首先，一款贴膜的价格并不是仅仅由膜的本身决定，贴膜使用得好不好，膜的本身只占到20%的作用，而80%则取决于贴膜师傅的工艺。所以，这个价格里是包含贴膜师傅的手工费的。我们4S店所有的贴膜师傅都是经过厂家培训和认证的，都有厂家考核的鉴定证书，技术和工艺水平肯定远远高于路边美容店的技师。其次，虽然贴膜的品牌一样，但具体的产品每一款都还有不同的特性，价格也有所差别，我们4S店只经营一个品牌的车，所以选择的贴膜一定是最匹配咱们车的特性的。路边美容店，无论如何都无法做到这么精准的。最后，现在贴膜市场上产品品种多渠道真假也很难辨，4S店给您的最大保障就是信誉，是真货。您想想，如果为价格便宜一点，而买到的是假货，那可就得不偿失了吧。"

客户："这么说有道理。"

销售顾问："您看，我之前就遇到一个客户，为了便宜 200 元，非要到路边美容店去贴膜，结果 1 个月不到贴膜就起泡了，而那家店又倒闭了。他后来还是回来我们店重新贴了膜。要是在路边店贴的膜是假膜，甲醛超标，影响身体健康，那就更可怕了。您说是吗？"

优秀分析／ ANALYSIS

使用垫子、设立标准和场景冲击，自然而然地将我们的价值和优势展现给了客户。

7.4　客户说："同样这个套餐另一家 4S 店的报价就比你们低"怎么办

情景呈现

王子璐是明星汽车 4S 店的销售顾问。这一天，客户张先生准备订购一款紧凑型轿车，并选购了一些后市场加装类的产品。王子璐给张先生报了一个套餐价格。

客户："同样这个套餐同城的另一家 4S 店 B 店报价就比你们低。"

王子璐："我们提供的服务比他们好。"

客户："再便宜点吧，你和他们的价格一样我就订了。"

王子璐："这个真少不了了。"

① 错误话术／ WRONG TO SPEAK

销售顾问："他们怎么能和我们比呢？"

① 错误分析／ERROR ANALYSIS

无论客户是随便说说，还是有真凭实据，销售顾问立即否认客户，都是不给客户面子的表现，很容易树立对立情绪。

② 错误话术／WRONG TO SPEAK

销售顾问："我们的服务比他们好。"

② 错误分析／ERROR ANALYSIS

找差异化和价值点是没错的，但是简单地说服务好，没有足够的说服力。

③ 错误话术／WRONG TO SPEAK

销售顾问："他们便宜多少。"

③ 错误分析／ERROR ANALYSIS

过早地陷入了讨价还价的环节，降低了自己的谈判砝码。

IDEAS TO EXPLAIN
思／路／讲／解
∨

这是客户利用竞争对手讨价还价的话题。情景中，客户找到的是一款相同的套餐，提出同样是 4S 店，同城的另一家店比我们的更便宜。这个时候销售顾问在处理时需要针对具体情况进行分析，采取不同的策略。

常见的情况有以下三种：

（1）客户只是随便说说，想试探底价。

（2）客户说的是真凭实据。

（3）客户就是在两家店中周旋，力求在两家店的竞争中，得到一个最低的价格。

　　面对客户这样的异议，销售顾问前期要对竞争对手有充分的了解，及时判断出客户的目的性。不同于在上一节中我们谈到的路边汽车美容店，在同样产品的情况下，同为 4S 店比较，我们并不具备压倒性的优势，所以有些销售顾问一听到客户说其他 4S 店的价格更低就非常慌张。

　　面对情景中的价格异议，常见的销售顾问的不当应对有以下三种：

1．立即否认客户

　　无论客户是随便说说，还是有真凭实据，销售顾问立即否认客户，都是不给客户面子的表现，很容易树立对立情绪。

2．用服务好搪塞客户

　　这是很明显搪塞客户的行为，而且完全是在自说自话，没有任何说服力。

3．问客户的心理价位

　　过早地陷入了讨价还价的环节，降低了自己的谈判砝码。

　　其实，只要我们去分析客户的心理，同样可以根据客户的需求，寻找出我们的价值点。

　　首先，如果客户只是随便说说，想试探我们的底价，那我们大可不必谈降价的话题，只要解释出价格的合理性即可。当然，也不要立即反驳客户，说他在说谎，这样会让客户觉得没有面子从而产生对立情绪，但要在交谈的过程中让客户知道，我们很清楚 B 店的产品售价是不低于我们的。

　　其次，如果客户的确有真凭实据，那么我们就要去分析，既然是同样的产品同样的 4S 店，对方的价格更低，客户还在我们店里选择产品，说明我们一定有比竞争对手更合适客户需求的地方。比如：地理位置、更多的赠品等。这个时候我们仍然需要把价格转移到价值上来，但不要简单地说服务好，这样是没有说服力的。

　　最后，如果客户就是两家店中周旋，力求在两家店的竞争中，得到一个最低的价格。这时候我们可以给出象征性的降价，如果象征性的降价后客户还是在坚持价格太高，就要把握时机，以立即成交为条件再退一步。

① 优秀话术／EXCELLENT TALK

客户："同样是这个套餐，B 专营店就比你们的便宜。"

销售顾问："张先生，不瞒您说，我就是一个月前刚从 B 专营店调过来工作的。这个品牌厂家一直都是保持同城同价的，为的就是保证质量和品牌在客户心目中的地位。要是 B 专营店真能给出更低的折扣，而且符合厂家的要求，那我们一定也可以给您。我现在就可以帮您打电话给 B 专营店。"

① 优秀分析／ANALYSIS

在明确知道客户是随口问问的前提下，打消客户用竞争对手压价的念头，同时不伤客户的面子。

② 优秀话术／EXCELLENT TALK

客户："同样是这个套餐，B 专营店就比你们便宜 1 000 元。"

销售顾问："张先生，看来您真的是有备而来啊，这款套餐我们的确比 B 店贵了 1 000 元，但您知道我们为什么贵这 1 000 元吗？"

客户："为什么？"

销售顾问："首先，我们店的地理位置是在市区，B 店是在郊区，这个套餐里包含了您 10 次的保养服务，您想想如果您每次保养都要开车到郊区去，来回油费也不止 1 000 元了吧。其次，我们赠送了您一年免费洗车的服务……"

② 优秀分析／ANALYSIS

找到比竞争对手更适合客户需求的地方，把价格转移到价值上来。

7.5 客户说: "网上这款电瓶就比你们便宜" 怎么办

<table>
<tr>
<td>**情景呈现**</td>
<td>王子璐是明星汽车 4S 店的销售顾问。这一天, 客户张先生前来更换电瓶, 王子璐向张先生介绍了一款原车原装品牌的电瓶。张先生对电瓶表示认可。

客户: "网上这款电瓶就比你们便宜 100 元。"
王子璐: "我们包安装啊。"
客户: "安装费也不至于贵出 100 元吧。"
王子璐: "网上的很多是假货。"</td>
</tr>
</table>

① **错误话术** ╱ WRONG TO SPEAK

销售顾问: "网上卖的都是假货?"

① **错误分析** ╱ ERROR ANALYSIS

未经查证, 武断下结论, 只会让客户觉得销售顾问过于极端。

② **错误话术** ╱ WRONG TO SPEAK

销售顾问: "那你去网上买吧。"

② **错误分析** ╱ ERROR ANALYSIS

这是极不礼貌的行为, 也是把客户在往门外赶, 最终只能换来销售的失败。

③ **错误话术／** WRONG TO SPEAK

销售顾问："我们包安装。"

③ **错误分析／** ERROR ANALYSIS

这样的应对有一定的道理，但说服力还不够强，尤其是当价格差异较大的时候。

IDEAS TO EXPLAIN
思／路／讲／解
∨

互联网时代的今天，客户利用网上价格和线下价格对比进行讨价还价的现象越来越多。由于经营成本的降低，网上的一些汽车后市场产品的售价的确低于线下的商家。很多线下的销售顾问对这类的比较感到非常反感，甚至对提出这类异议的客户流露出蔑视的态度。不仅在汽车后市场行业，很多实体店的销售都有这样的现象。

常见的销售顾问的不当应对有以下三种。

（1）恶意诋毁网上销售的产品：未经查证，武断下结论，只会让客户觉得销售顾问过于极端。

（2）流露出对客户的轻蔑：这是极不礼貌的行为，也是把客户在往门外赶，最终只能换来销售的失败。

（3）强调线下实体店包安装：这样的应对有一定的道理，但说服力还不够强，尤其是当价格差异较大的时候。

作为销售顾问必须清楚，互联网电子商务是一种大的趋势，这种趋势只会愈演愈烈。如果作为实体店铺仅仅是一味地去排斥，那么最终将会被淘汰。虽然网上销售的汽车后市场产品有一定的价格优势，但至少在目前的市场条件下，汽车产品在线下仍然有着不可取代的优势存在。面对客户这样的异议，销售顾问就要充分发挥出实体店的优势，把价格转化为价值。

常用的销售步骤如下。

（1）承认价格差异：认可互联网上的价格会更低一些。

（2）设立产品价格的定价标准，突出 4S 店的价值：不要把价格仅仅设定在产品本身上，提出更多的价格成本，让客户感受到 4S 店更加便利的价值。

（3）消极暗示：可以适当地给出一些互联网上购买汽车后市场产品的不利因素，消极暗示客户。

优秀话术／EXCELLENT TALK

客户："网上这款电瓶就比你们便宜 100 元。"

销售顾问："张先生，看来您做了不少比较，网上这款电瓶的确是比我们便宜 100 元，但汽配产品的价格高低，产品的本身只是其中的一个要素。"

客户："还有什么？"

销售顾问："首先，有安装的人工成本，您网上购买一款电瓶找任何一家店安装，至少也需要 50 元的安装费用。"

客户："那还便宜 50 元啊。"

销售顾问："还有运输成本啊，电瓶的快递费用也至少要 20 元吧。"

客户："那你再给我便宜 30 元，也可以。"

销售顾问："您别忘了，还有时间成本，快递不可能当天就到，您的车电瓶坏了，您要是不及时更换，要么是一直不能熄火，要么是要靠接别的车的电瓶去点火，在等待网购到货的时间里，您用车多么不方便啊。还有，电瓶这种特殊产品对运输的要求很高，比如不能倒置。可您也知道，现在的快递公司很多都不能做到那么好。如果买回来电瓶出了问题就更加得不偿失了。"

客户："嗯！"

销售顾问："在 4S 店购买最大的优势就是信誉，在网上买的电瓶可能是真货也可能是假货，但我们 4S 店是得到厂家认证的，产品品质是您最放心的保障。您多花 100 元，可以买到安装服务、运输费用、时间便利和信誉保障，何乐而不为呢。"

面对网上产品的竞争，充分发挥出 4S 店的价值，从客户需求出发，赢得客户。

7.6 客户说："还能再给我便宜多少"怎么办

> **情景呈现**
>
> 王子璐是明星汽车 4S 店的销售顾问。这一天，客户张先生前来购车。张先生选择了一款 SUV，另外选购了导航、贴膜及一个售后保养套餐。经过几轮讨价还价后，张先生给出了最后的通牒。
>
> **客户：**"还能再给我便宜多少？"
>
> **王子璐：**"不好意思，已经是最低价了。"
>
> **客户：**"这就最低价了，你们也太没诚意了。"

① 错误话术／WRONG TO SPEAK

销售顾问："可以再便宜 1 000 元。"

① 错误分析／ERROR ANALYSIS

毫无铺垫的直接让价，客户必定会在销售让价的基础上继续讨价还价，这样就失去了谈判的底线。

② 错误话术／WRONG TO SPEAK

销售顾问："不好意思，真的不能再少了。"

② 错误分析 / ERROR ANALYSIS

这样的方式太过直白，直接拒绝了客户的降价请求，相当于是在下逐客令。

③ 错误话术 / WRONG TO SPEAK

销售顾问："价格不能再降了，但我们可以送您礼品。"

③ 错误分析 / ERROR ANALYSIS

无形中让自己的底牌过早暴露，客户完全可以在索要礼品之后再度讨价还价。

IDEAS TO EXPLAIN
思／路／讲／解
∨

价格是影响消费者购买行为的重要因素之一，一般来说，价格的谈判也是销售流程中临门一脚的环节。随着客户对产品的深入了解和不断比较，最终确定了选择我们的产品，这个时候就到了利用价格谈判促成成交的环节。

在客户下最后通牒的环节，很多销售顾问容易产生慌张的情绪，怕不降低价格客户就不买了，又怕降低了价格利润太低，更怕客户不断压价。

常见的销售顾问的不当应对有以下三种。

（1）直接让价：当客户提出要再便宜点时，销售顾问毫无铺垫的直接让价，客户必定会在销售让价的基础上继续讨价还价，这样就失去了谈判的底线。

（2）拒绝客户：告诉客户无法再让价，这样的方式太过直白，直接拒绝了客户的降价请求，相当于是在下逐客令。

（3）赠送礼品：此时拿出礼品最为不当，无形中让自己的底牌过早暴露，客户完全可以在索要礼品之后再度讨价还价。

面对情景中的最后通牒,销售顾问并不是要做出让价或者不予让价的态度,而是要控制住客户对价格的期望值,缩小客户价格期望与我们价格期望之间的差距,这样无论后续是否让价,都可以在谈判中获得先机。

控制客户的价格期望值,就是要了解客户讨价还价的真实心理。其实客户讨价还价,要的并不是便宜多少钱,而是一种"占便宜"的心理。所谓"占便宜"就是在同等标准固有的基础上,感觉到与众不同的心理优势。

比如说,我们平时买一个普通的冰激凌雪球价格也就在 3 ~ 5 元,如果这个雪球卖到 15 ~ 20 元,我们就会感觉"贵"。此时这个"贵"是基于普通的雪球而言。然而,一个哈根达斯品牌的冰激凌雪球平时的售价是在 39 元,如果此时售价在 15 ~ 20 元,我们就会觉得"便宜",而这个便宜是基于他过往售价的一种心理感受。

所以,我们的话术就是要缩小客户对价格的期望值,一旦降价,让他充分感到"占便宜"。

优秀话术 / EXCELLENT TALK

客户:"还能再给我便宜多少?"

销售顾问:"张先生,您太有眼光了,您看的这款车加上加装件的套餐,是我们店里优惠幅度最小的。"

客户:"那到底能便宜多少?"

销售顾问:"这样,张先生,我要说完全没优惠您也不信,但我给您报价前想问您一个问题?"

客户:"什么问题?"

销售顾问:"我报完价之后您还压价吗?要是您还准备压价,我就给您少优惠一点,让您再压一次,要是您说不再压价了,我就给您报个底价,但您得答应我咱们今天就成交。"

客户:"你别废话了,合适了我今天就可以订下来。"

销售顾问:"那您给我一个您觉得今天可以订下来的价位。"

客户："再便宜 3 000 元。"

销售顾问："3 000 元？您开玩笑吧！我以为您是希望优惠 100 ~ 200 元呢。"（大吃一惊的感觉）

客户："怎么了？"

销售顾问："这个价格要是可以的话，您卖给我，我都要，已经大大低于我们的成本价了。咱们可是豪华品牌的车啊。"

优秀分析 / ANALYSIS

在给客户降价之前，先从心理上降低客户对价格的期望值。

7.7 客户说："再便宜点我就订"怎么办

情景呈现

王子璐是明星汽车 4S 店的销售顾问。这一天，客户张先生选购了一套汽车的大包围配饰。张先生对产品非常满意，但一直在不断压价。经过几轮讨价还价后，王子璐已经做出了 1 000 元优惠的让步，可张先生还不满意。

客户："别说那么多了，只要能再便宜点我现在就可以订了。"

听到张先生说可以现在下订，王子璐很高兴。

王子璐："那再给您优惠 200 元吧。"

客户："200 元也算优惠？太没诚意了。不行，再便宜些。"

① **错误话术** / WRONG TO SPEAK

销售顾问："可以再便宜 1 000 元。"

① **错误分析／ERROR ANALYSIS**

销售顾问让价过快，会让客户对价格的期望值提高，从而否定之前的承诺，再次进入无休止地讨价还价旋涡之中。

② **错误话术／WRONG TO SPEAK**

销售顾问："不好意思，真的不能再少了。"

② **错误分析／ERROR ANALYSIS**

这样的方式太过直白，直接拒绝了客户的降价请求，相当于是在下逐客令。

③ **错误话术／WRONG TO SPEAK**

销售顾问："价格不能再降了，但我们可以送您礼品。"

③ **错误分析／ERROR ANALYSIS**

过早地拿出赠品，实际上是给自己降低了谈判底线。

IDEAS TO EXPLAIN
思／路／讲／解

∨

这是典型的客户下最后通牒的议价情景。客户表示有购买诚意，但要求必须做出价格让步。此时，销售顾问一定要合理掌握价格让步技巧，太快让步和坚持不让都有可能导致失去订单。

常见的销售顾问的不当应对有以下三种：

1. 过于乐观直接让价

销售顾问听到客户说同意购买时，容易产生兴奋的情绪，这种情绪会导致销售顾问快速地给客户做出让步。销售顾问希望如客户所说，一旦让价马上就可以成交。但是，事实往往事与愿违。由于销售顾问让价过快，会让客户对价格的期望值提高，从而否定之前的承诺，再次进入无休止地讨价还价旋涡之中。

2. 习惯性地拒绝客户

讨价还价的环节拉得过长，容易让销售顾问产生一种惯性的拒绝思维，只要客户提出让价，就习惯性地说 NO。讨价还价，不仅仅是价格的博弈，更是心理的博弈。不同的时间，不同的环境，即使是同一个要求，也要做出不同的应对方式。

3. 赠送礼品

用赠品抑制讨价还价是不错的策略，但前提是你能确定客户在接受赠品后不再继续讨价还价，在还没有确定之前，过早地拿出赠品，实际上是给自己降低了谈判底线。

面对情景中的最后通牒，销售顾问要把报价的底线掌握在自己的手里。客户要求再便宜点就下订，这个"便宜点"到底是个什么幅度，销售顾问并不清楚。给客户便宜 200 元，客户可能觉得 2 000 元才算"便宜点"，给客户便宜 2 000 元，客户可能觉得 5 000 元才算"便宜点"。所以，立即让价的结果就是你让多少，就失去了多少的价格谈判底线。

这时候，可以让客户来先报底价，这样无论客户报出怎样的底价，至少他很难再在他已经报价的基础上再压价了，这时销售顾问就掌握了报价的底线。然后，销售顾问再根据实际的利润情况，调整让价幅度。

当然，有的时候客户也会博弈，不愿意主动报出底价，这个时候销售顾问一定要坚持，可以用一些夸张而幽默的话术，再次引导客户。

当客户给出底价后，无论客户的底价是在我们的接受范围内还是接受范围外，销售顾问都不要马上做出同意和不同意的决定。如果快速地拒绝，可能会直接失去订单。如果快速地表示同意，又会提升客户对价格的期望值。这时候，销售顾问要做的还是控制住客户对价格的期望值，缩小客户期望与我们期望之间的差距。可以采用大吃一惊的方法。

这样的话，如果客户报的底价在我们的接受范围内，我们可以更加顺利地成交，也可以有机会让客户缩小降价幅度，提升我们的利润。即使客户报的底价超出了我们的接受范围，客户也可能因为期望值的缩小，重新报价。

优秀话术 ／ EXCELLENT TALK

客户："再便宜点我就订了。"

销售顾问："张先生，您指的便宜点是便宜多少呢？您心中什么价格今天就可以成交呢？"

客户："便宜多少你说嘛。"

销售顾问："您不说要便宜多少，我怎么能决定是否合适成交呢？我们领导每次都说再便宜点只能便宜 10 元，我要是给您便宜 10 元您能成交吗？"

客户："便宜 10 元肯定不行，这样吧，便宜 1 000 元我就订。"

销售顾问："便宜 1 000 元？怎么可能呢？您开玩笑吧？"（吃惊的语气）

优秀分析 ／ ANALYSIS

让客户报底价 + 大吃一惊的谈判策略。

7.8　客户说："再便宜 1 000 元我就订了"怎么办

情景呈现　　王子璐是明星汽车 4S 店的销售顾问。这一天，客户张先生前来购车。张先生选择了一款豪华轿车，另外选购了导航、贴膜、迎宾踏板等一系列后市场产品。经过几轮讨价还价后，张先生给出了最后的通牒。

情景呈现

客户："别说那么多了，再便宜 1 000 元我就订了。"

听到张先生说可以现在下订，王子璐很高兴。

王子璐："那好吧。"

客户："你们还有什么礼品赠送吗？"

王子璐："礼品没有了。"

客户："没礼品送那便宜 1 000 元太少了，你给我再多便宜点。"

王子璐："您刚才不是说便宜 1 000 元就订吗？怎么出尔反尔啊？"

---

① **错误话术／WRONG TO SPEAK**

销售顾问："那好吧。"

① **错误分析／ERROR ANALYSIS**

客户本来已经接受的价格预期，期望值又一下子得到了提升，有可能会做出反悔或提出其他需求的行为。

② **错误话术／WRONG TO SPEAK**

销售顾问："不能再少了。"

② **错误分析／ERROR ANALYSIS**

任何问题都不要直接拒绝客户，这样也是在拒绝销售机会。

IDEAS TO EXPLAIN
思／路／讲／解

∨

情景中的客户是一个基本上可以成交型的客户，因为客户已经给出了谈判底线。如果 1 000 元的让价幅度在我们的可接受范围内，就更是十拿九稳了。但是销售顾问仍然不能掉以轻心，因为在价格面前，客户总是善变的。就如情景之中，如果你不去揣摩客户的内心，不对客户加以制约，过早地做出让步，客户还是会提出新的要求。

常见的销售顾问的不当应对有以下两种：

1．立即答应

很多销售顾问听说客户报出了底价，并且底价在我们可接受的范围内，为了能尽早成交，于是立即答应了客户。这个时候，客户本来已经接受的价格预期，期望值又一下子得到了提升，有可能会做出反悔或提出其他需求的行为。

2．直接拒绝

任何问题都不要直接拒绝客户，这样也是在拒绝销售机会。

面对情景中的最后通牒，销售顾问已经有了客户的心里价位底线，并且也可以接受。这个时候只要放轻松，按以下三步策略进行谈判即可：

1．感到为难，让客户让步

适当地做出一些为难的样子，这实际上是给客户一个心理的平衡。同时也可以利用机会缩小让价幅度，提升自己的利润。比如：

销售顾问："张先生，您这边确定今天能订，我不给您再优惠一点也不好意思，但 1 000 元这个优惠幅度，真的是让我为难了。您看您能不能再让一步呢？"

这个时候客户就会感到 1 000 元的让价空间确实比较大了。即使最后就是以 1 000 元的让价空间成交，客户也会觉得值，感觉占到了便宜。而有些客户，此时也会降低自己的心理防线，主动把让价幅度缩小。

2．表示感谢，适当让步

此时，销售顾问仍然要坚持为难的情绪，这样可以让客户更加确信这个价格已经非常低了。同时，销售顾问可以适当地降一点价格，对客户表示诚意。这个价格的幅度，一般来说可以与客户主动让价的幅度一致。

比如：

客户："好了，好了，我再让一步，最后一口价，便宜 800 元。"

销售顾问："张先生，我真想和您成交，但的确还是很为难，我们领导给出的优惠幅度就 200 元啊。"（露出苦笑）

3．礼品换价格

当价格幅度双方都已经无法动摇的时候，销售顾问可以适时地拿出礼品，以礼品换价格的方式达成妥协。这样，一方面可以利用礼品减少我们的让价幅度，提升利润。另一方面，即使礼品策略不奏效，也可以制约住客户，在价格谈判完成后不要再有其他的要求。比如：

销售顾问："张先生，800 元的价格优惠我的确给不到您，但您既然这么有诚意，我可以帮你想一个和优惠 800 元一样价值的方法。"

客户："什么方法？"

销售顾问："那我和您确认一下，如果您觉得合适的话，今天能订吗？"

客户："能。"

销售顾问："也不会再有其他额外的优惠或礼品要求了吧？"

客户："没有了。"

销售顾问："如果您今天就能订，并且价格和礼品上都没有其他的要求了，我给您现金优惠 200 元，再送您一项价值 600 元的 10 次免费洗车服务，这样不也相当于优惠 800 元吗？"

赠送礼品的成本远远小于直接价格优惠的成本，但礼品一定要在确认下订时再拿出来，否则会适得其反，让客户既要让价又要礼品。同时，礼品的价值要能以价格的形式反映出来，这样才能给客户更好的心理安慰。

优秀话术／ EXCELLENT TALK

客户："再便宜 1 000 元我就订了。"

销售顾问："张先生，您这边确定今天能订，我不给您再优惠点也不好意思，但 1 000 元这个优惠幅度，真的是让我为难了。您看您能不能再让一步呢？"

客户："好了，好了，我再让一步，最后一口价，便宜 800 元。"

销售顾问："张先生，我真想和您成交，但的确还是很为难，我们领导给出的优惠幅度就 200 元啊。"（露出苦笑）

销售顾问："张先生，800 元的价格优惠我的确给不到您，但您既然这么有诚意，我可以帮你想一个和优惠 800 元一样价值的方法。"

客户："什么方法？"

销售顾问："那我和您确认一下，如果您觉得合适的话，今天能订吗？"

客户："能。"

销售顾问："也不会再有其他额外的优惠或礼品要求了吧？"

客户："没有了。"

销售顾问："如果您今天就能订，并且价格和礼品上都没有其他的要求了，我给您现金优惠 200 元，再送您一项价值 600 元的 10 次免费洗车服务，这样不也相当于优惠 800 元吗？"

优秀分析／ANALYSIS

为难情绪＋用礼品换价格优惠的谈判策略。

7.9 客户说："只要再便宜 500 元，能行我就要，少一分钱我就走了"怎么办

情景呈现

王子璐是明星汽车 4S 店的销售顾问。这一天，客户张先生来给爱车加装导航，经过王子璐的推荐，张先生选择了一款当下热门的车载导航。经过几轮讨价还价，双方都有些疲乏了。

客户："不多说了，只要再便宜 500 元，能行我就要，少一分钱我就走了。"

情景呈现

> 王子璐："真不行……"
>
> 王子璐话还没说完，张先生转身准备出门。
>
> 王子璐："您等等，可以了，给您再优惠 500 元。"
>
> 张先生并没有回头，而是径直往门外走。
>
> 客户："我再看看，要的话我回来找你。"

① 错误话术／WRONG TO SPEAK

销售顾问："真不行……"

① 错误分析／ERROR ANALYSIS

客户性格直爽，不喜欢拐弯抹角，如果销售顾问再继续不让价，或者让出的价格达不到他的心理预期，客户可能会立即离开。

② 错误话术／WRONG TO SPEAK

销售顾问："那好吧。"

② 错误分析／ERROR ANALYSIS

立即答应，可能提升客户的期望值，让客户做出反悔的决定。

IDEAS TO EXPLAIN
思／路／讲／解
∨

情景中是一个典型报出底价后，利用拒绝购买的心理讨价还价的客户。这类客户对产品已经没有其他异议了，只是希望价格能达到他们的心理预期。比起上一节情景中的客户，他们性格直爽，不喜欢拐弯抹角，如果销售顾问再继续不给出让价，或者让出的价格达不到他的心理预期，可能就会失去订单。但是，如果销售顾问立即答应，也可能提升客户的期望值，让客户做出反悔的决定。

面对情景中的最后通牒，销售顾问既不能马上答应，更不能立刻拒绝，而应该告诉客户在为他心目中的价格努力，但要为价格让步设置一些障碍，同时反复让客户承诺可以立即下订。

常用的销售流程如下：

1. 找一个合适的借口离开客户一小段时间，给彼此一个心理缓冲的时间

当客户立即要你用 YES 或 NO 作答时，又不能明确表态，最好的方法就是缓解这一紧张的话题。比如：可以找借口给客户添加茶水等理由，离开一两分钟。这样，既是给彼此一个心理缓冲的时间，同时也是可以利用客户独处的时间，降低客户的心理期望。

2. 利用幽默的话题让客户承诺可以立即下订

短暂的离开后，回到客户身边，客户通常都会继续追问是否可以让价，这时候可以反问客户是否可以下订。但不要问得太过生硬，可以用一些幽默的话术。比如：

销售顾问："张先生，我猜您只是说说，我就是真给您再优惠 500 元，您今天也不会立即下订。"

客户："你放心，只要能便宜我肯定下订。"

3. 告诉客户正在努力帮他达成让价的目标，但过程中要设置一些障碍

当客户做出承诺可以下订后，销售顾问可以告诉客户争取帮他达成让价的目标，但自己没有马上做决定的权利。可以通过用计算器计算价格的方法设置障碍。比如：

销售顾问："唉……"（拿出计算器装作计算的样子，同时摇头，叹气）这都是既不做明确拒绝，又能降低客户心理预期的方法。

4. 提出向上级申请，但需要让客户交订金

通过各种计算方式，销售顾问都没有权利做出 500 元的让步，就可以

向上级去申请，但申请的条件是需要客户先交一部分订金，并承诺客户如果没有申请下来订金可退。这个在销售中叫作 TMD 原则。T：Today，M：Money，D：Decide。意思是要求客户，今天交订金并可以做出购买的决定。比如：

销售顾问："张先生，我自己实在没有那么大的权利给您让 500 元，但我真心想帮您。您看这样，您先交 3 000 元的订金，并且保证如果能优惠下来今天就全款购买，我拿着订金去向经理申请，要是申请不到，我再把订金退还给您。"

优秀话术／EXCELLENT TALK

客户："不多说了，只要再便宜 500 元，能行我就要，少一分钱我就走了。"

销售顾问："张先生，我先去给您再倒点茶。"（借故离开一分钟时间）

（倒茶回来）

客户："到底行不行啊，爽快点。"

销售顾问："张先生，我猜您只是说说，我就是真给您再优惠 500 元，您今天也不会立即下订。"

客户："你放心，只要能便宜我肯定下订。"

销售顾问："您确定的话，我帮您想想办法。唉……"（拿出计算器装作计算的样子，同时摇头，叹气）

客户："不行就算了。"

销售顾问："张先生，我自己实在没有那么大的权利给您让 500 元，但我真心想帮您。您看这样，您先交 3 000 元的订金，并且保证如果能优惠下来今天就全款购买，我拿着订金去向经理申请，要是申请不到，我再把订金退换给您。"

优秀分析／ANALYSIS

利用承诺一致 +TMD 的方法进行价格谈判，并完成销售。

7.10 客户说："帮我和你们经理申请一下，再优惠 500 元呗"怎么办

<table>
<tr>
<td rowspan="2">**情景呈现**</td>
<td>王子璐是明星汽车 4S 店的销售顾问。这一天，客户张先生来给爱车加装导航，经过王子璐的推荐，张先生选择了一款当下热门的车载导航。经过几轮讨价还价，王子璐已经为张先生优惠了 1 000 元，但张先生表示还要再优惠 500 元。王子璐说自己没有权利给出这么大力度的优惠。</td>
</tr>
<tr>
<td>**客户：**"帮我和你们经理申请一下，再优惠 500 元呗。"

王子璐： "好，我去试试。"

王子璐转身来到经理办公室，申请成功后，王子璐笑眯眯地出来。

王子璐： "恭喜您，张先生，申请下来了，您过来这边付款吧。"

客户： "我还要回家和太太再商量一下。"</td>
</tr>
</table>

① 错误话术／WRONG TO SPEAK

销售顾问："我去试试。"

① 错误分析／ERROR ANALYSIS

在没有让客户做出承诺的情况下，去申请价格优惠，很容易让自己陷入谈判的被动中来。

② **错误话术**／WRONG TO SPEAK

销售顾问："恭喜您，张先生，申请成功了。"

② **错误分析**／ERROR ANALYSIS

销售顾问表现得太过兴奋了，可能让客户感到自己的价格压得还不够低，提高其对价格的期望值，找借口做出反悔。

```
IDEAS TO EXPLAIN
思／路／讲／解
```
∨

客户主动提出让销售顾问申请价格，实际上距离成交已经八九不离十了。只要客户提出的价格在我们的可接受范围内，通常情况下都可以做到皆大欢喜。如果销售顾问能够合理地利用一些销售技巧进一步降低客户对价格的期望值，说不定还能降低让价幅度，为自身增加利润。但是，如果销售顾问的话术技巧不当，也会出现以下三种情况：

（1）客户做出反悔。

（2）客户不能立即做出购买决定。

（3）客户继续提出让价要求。

申请价格几乎已经到了价格谈判的最后一个环节。从销售的角度来讲，价格的申请已经到了销售顾问的最后底线，价格申请成功客户就必须立即成交。如果在价格申请完成后，还无法立即让客户下订，那么销售顾问在后续的谈判中将处于极大的被动，而且很容易失去订单。

因此，一旦当客户提出让销售顾问申请价格的要求时，销售顾问要谨记的三个目标就是：

（1）让客户做出下订承诺。

（2）让客户做出下订承诺。

（3）让客户做出下订承诺。

没错，就是要让客户反复的做出下订承诺，至少三次以上。避免客户在价格申请后的一切不成交的理由。比如：和家人商量、再考虑等。也可以让客户先交一部分订金，这样会更加稳妥。

当销售顾问从经理办公室申请价格出来后，无论申请成功与否（通常都会申请成功），销售顾问都不能表现得太过兴奋，否则客户会感到自己价格压得还不够低，从而提高其对价格的期望值，找借口做出反悔。最好流露出一些沮丧的表情，这是迎合客户心理的表现，也是在向客户示弱，让客户心里感到平衡，觉得自己价格谈得好，占到了便宜。

优秀话术／EXCELLENT TALK

销售顾问："张先生，这我可不敢帮您去申请。"

客户："为什么？"

销售顾问："我们经理早就说过，这个价格是底价了，要是再低的价格就这样去申请，是要倒扣我 200 元奖金的。我想了个办法帮您，不知道您愿不愿意。"

客户："什么办法？"

销售顾问："您看这样，您先交 3 000 元的订金，并且保证如果能优惠下来今天就全款购买，我拿着订金去向经理申请，要是申请不到，我再把订金退还给您。"

客户："那好吧。"（交订金）

销售顾问："那咱们说好了，如果 500 元的优惠申请下来了，您今天就付全款购买，而且不再有其他的条件了啊。"

客户："好。"

销售顾问："张先生，我可是冒着被扣奖金的风险去帮您申请的，您可要说话算话。"

客户："放心吧。"

（从经理办公室申请出来以后）

销售顾问："唉，张先生，您真是谈判高手，您给的这是最底价，经理说了不给您怕驳您面子。我坚持让他给您优惠 500 元，结果他还要扣去我一部分提成呢。您这张单，就当和您交个朋友了。咱们去收银台付款吧。"

优秀分析／ ANALYSIS

　　优秀的销售顾问在价格谈判中申请价格前一定会让客户反复做出购买承诺，价格申请完成后必然向客户示弱，迎合客户，给客户足够的心理平衡感。

7.11 客户说："把礼品帮我折换成现金优惠吧"怎么办

<table>
<tr>
<td>情景呈现</td>
<td>

　　王子璐是明星汽车 4S 店的销售顾问。这一天，老客户张先生来给爱车续保。根据张先生平时的用车习惯，王子璐给张先生建议了一份 5 600 元的保单，并且赠送了张先生一套车载工具包作为礼品。

　　客户： "保险没问题，你看能不能把礼品帮我折换成现金优惠？"

　　王子璐： "抱歉张先生，公司规定礼品是不能折换成现金优惠的。"

　　客户： "规定是死的，人是活的嘛，这个礼品对我没什么作用。"

　　王子璐： "张先生，您要是觉得礼品没用，可以选择不要，但是不能抵现金。"

</td>
</tr>
</table>

① **错误话术／** WRONG TO SPEAK

　　销售顾问："抱歉，公司规定礼品不能折换成现金优惠。"

① **错误分析／** ERROR ANALYSIS

　　"规定"就是把责任推给公司，但是在客户的眼里，销售顾问和公司本就是一体的，完全没有说服力。

② **错误话术** ╱ WRONG TO SPEAK

销售顾问："您要是觉得礼品没用，可以选择不要，但是不能抵现金。"

② **错误分析** ╱ ERROR ANALYSIS

这样的拒绝不仅没有说服力，而且还会让客户产生挫败感和对立情绪。

IDEAS TO EXPLAIN
思／路／讲／解

在汽车后市场产品销售中，礼品的赠送使用越来越多。礼品赠送的目的，一方面是为了提升客户的满意度，另一方面是通过礼品满足客户的心理需求，降低客户议价的空间。如果说，将礼品折换成现金，4S 店实际上就失去了赠送礼品的意义。这样的要求无论是什么行业的销售，都是不可以接受的。

面对客户不合理的价格异议的要求，销售顾问通常的应对方式就是拒绝。但是我们都知道，直截了当地拒绝或表达愤怒与抱怨，不但不能够解决客户的价格异议，反而会使客户感到反感，产生对立情绪。

因此，销售顾问需要通过一些话术技巧，既能够让客户不合理的要求巧妙解决，又不会引起客户的反感，对最终成交构成影响。

常用的销售步骤如下：

1．礼品的选择要满足客户体验

赠送礼品其实是一门很大的学问，礼品送得好不一定要多高的成本，但可以让客户有良好的体验感。有一家电商卖坚果的品牌叫"三只松鼠"，你在购买了它的产品后，它都会送你一些小礼品，比如：开箱器、开坚果器、封口夹等。其实这些礼品的成本都不高，但客户的体验和满意度却很高，也不会有客户提出把礼品折现的要求。

2．礼品价值要做适当包装

这里谈到的价值，仅是指价格包装。不是说赠送一套价值 998 元的精美礼品这么简单。很多时候产品的价值未必是通过价格体现出来的，比如：唯一性。这是客户花多少钱都未必买得到的稀缺性。"限量版"就可以成为很好的包装模式，这种模式在麦当劳、肯德基这些品牌用得很多。

3．礼品赠送的时机要把握

在前面讲解议价的章节中我曾反复提到，礼品是促成订单和提升客户满意度的重要工具，但不能成为客户讨价还价的砝码。所以，不要轻易拿出礼品，这样会丧失谈判底线，礼品的赠送时机非常关键。

一般来说，礼品赠送有三个比较合适的时机：

（1）产品成交后赠送。这个时候的礼品主要作用是超越客户的期望值，提升客户满意度。

（2）价格谈判已完成，客户在成交前犹豫不决。这个时候礼品的作用是致命一击，促成订单。

（3）价格最后一步坚持不下，拒绝客户的降价要求，用礼品弥补客户的心理需求。

4．对客户的要求表示理解

作为销售顾问认为把礼品折换成现金是不合理的要求，但是客户却未必这么思考。很多客户认为，我不要你的礼品就是在帮你节约成本，所以价格就应当便宜。所以，对客户表示理解和尊重非常重要。

5．为客户解释说明礼品和价格之间的关系

要得到客户的最终认可，合理的解释说明非常重要。

优秀话术／*EXCELLENT TALK*

客户："你看能不能把礼品帮我折换成现金优惠？"

销售顾问："张先生，您的心情我理解，如果能把礼品折换成现金当然更实惠。但是，我们的礼品都是续保后由保险公司额外赠送的，

一定要先出保单后出礼品，如果折成现金了，保单都出不了，更别说礼品了。"

客户："规定是死的，人是活的嘛，这个礼品对我没什么作用。"

销售顾问："张先生，其实我也想把礼品折成现金给您，这样还能算是我的销售业绩呢。可是，这些礼品都是保险公司按保单数量配送的，您说折成现金折成多少合适，我们都不知道。其实您别小看这个车载工具包是赠送的礼品，作用可大着呢，您之前不是提到过喜欢去户外越野吗……"

优秀分析／ANALYSIS

即使面对客户不合理的讨价还价，只要积极引导，就能迎刃而解。

7.12　客户说："我和你们老板很熟，给我多些优惠"怎么办

情景呈现

王子璐是明星汽车 4S 店的销售顾问。这一天，客户张先生来给爱车更换电瓶。张先生的车此前不是在王子璐手上买的，王子璐也是第一次接待张先生。

客户："小王，我和你们老板很熟，你要多给我些优惠。"

王子璐对张先生不怎么熟悉，不知是否真的是老板的朋友，又担心得罪客户。

王子璐："张先生，这个我做不了主，要不您等我们老板回来再说。"

客户："哪有这么对客户的？"

① **错误话术** / WRONG TO SPEAK

销售顾问："这个我做不了主，要不您等我们老板回来再说。"

① **错误分析** / ERROR ANALYSIS

把难题推给老板，这才是老板最不想看到的。老板回来还是降价啊。

② **错误话术** / WRONG TO SPEAK

销售顾问："老板说过任何人都没有优惠。"

② **错误分析** / ERROR ANALYSIS

这是不给客户面子的话术，如果客户和老板真的是朋友，那就是驳了老板的脸面。

```
IDEAS TO EXPLAIN
思／路／讲／解
```
∨

在汽车 4S 店的销售中，遇到消费者提到自己和老板的关系熟，希望能得到更大优惠的话题是屡见不鲜的。尤其是在一些中小城市，城市规模不大，4S 店数量有限，大多以熟人圈见长的社会关系中，提到和老板的关系熟识，是常有的事情。

面对这样的话题，有些销售顾问，尤其是销售经验较浅的销售顾问往往拿捏不住，容易紧张。一方面，担心对方是在"欺骗"自己，过多的让了价格，影响利润。另一方面，又担心对方真的是老板的朋友。最常见的错误应对思维有以下两点：

1. 不分青红皂白，直接拒绝

在任何情况下，对客户的要求直接给予拒绝，都很容易让客户产生对立的情绪。更何况对方声称是老板的朋友呢？这样会让客户觉得非常没有面子，甚至于失去订单。

2．把难题交给老板

有些销售顾问一遇到这样的难题，索性撒手不管了，让老板帮忙解决。其实，这才是老板最不想看到的。

客户提出自己和老板关系熟识，或者自称是老板的朋友，其实目的无非就是一个：

希望能得到更优惠的价格。

我们在前面的章节中已经提到，客户要求价格便宜，其心理看重的并不是价格的本身，而是一种比较后的"占便宜"的心理。所以，面对这样的客户，销售顾问并不难应对，只要让对方感受到自己因为是和老板熟悉，得到了更大的便宜即可。

当客户提出自己和老板熟悉时，对于销售顾问其实是一种机会。无论客户说的是否是真实的情况，但"熟识"的本身已经拉近了我们彼此之间的信赖感，这个时候销售顾问只需要巧借这种信赖感，满足客户的心理需求就可以顺利解决问题。

常用的销售步骤如下：

（1）**迎合客户**：无论客户说的是否真实，都可以先去迎合客户，认可客户的身份。

（2）**老板很忙**：无论老板是否在店里，一定要强调老板目前很忙。这是在给自己和老板寻求谈判的砝码，因为老板一旦出面，其实还是让价，而且价格底线会更低。

（3）**利用垫子消极暗示**：可以强调一下其他客户也同样谈到和老板熟的话题，但多数都是按标准价格成交的。这是在给客户一种消极心理暗示，降低客户的期望值。

（4）**给予特例**：适当地给予客户一些象征性的价格优惠，让客户感觉到自己是得到了与众不同的待遇，提升客户内心的满足感。

（5）**价格配合**：如果客户要给老板打电话，让老板给出的让价幅度比销售顾问给出的还略高一点点，这样就能体现出销售顾问的诚意。

（6）**互惠原则，借力打力**：既然客户提出了和老板是朋友，那么是朋友就要帮忙给其一定的优惠，基于朋友之间互相关照和理解的情谊，借朋友之力，快速成交。

优秀话术 / EXCELLENT TALK

客户："小王，我和你们老板很熟，你要多给我些优惠。"

销售顾问："张先生，原来您和我们老板是朋友啊，真是幸会。招待得不周您多担待。"

客户："挺好的。"

销售顾问："不过今天真遗憾，我们老板比较忙，没在店里，没法亲自接待您了。不过您放心有我在，一定比老板接待得更好。"

客户："那价格有优惠吗？"

销售顾问："不瞒您说，我们老板您也是知道的，朋友多，朋友们也都帮忙照顾着生意，我们的利润不高，普通朋友也都没有什么特别大的优惠了。不过您和我们老板这么好的关系，咱们今天又聊得特别好，我给您一个老板特许价格再额外给您一个我每月唯一的特别优惠价，两个优惠合并送您，保证比您直接找老板的优惠更大。"

客户："真的吗？"

销售顾问："您要是不信，可以现场打电话给老板，看他给您多少优惠。据我所知，这款电瓶老板的熟人价给过的最大优惠就是 100 元。我再把我每月唯一 50 元的优惠权限用上，给您一共优惠 150 元。"

客户："这是最低价了吗？"

销售顾问："张先生您是我们老板的好朋友，咱们一家人不说两家话，肯定给您所有客户里的最低折扣。您也帮帮朋友的生意，赶紧成交了吧。"

优秀分析 / ANALYSIS

对于提出是老板朋友的客户，给足面子，借力打力，会获得意想不到的收获。

7.13 客户说："我是老客户了，给我多一些优惠"怎么办

王子璐是明星汽车 4S 店的销售顾问。这一天，客户张先生来给爱车打蜡镀膜。张先生的车此前不是在王子璐手上买的，王子璐也是第一次接待张先生。

客户："我是你们的老客户了，给我多些优惠吧。"

王子璐对张先生不怎么熟悉，不知是否真的是老客户。

王子璐："张先生，之前怎么没见过你。"

客户："我来你们这儿买车的时候，你还没来这儿工作呢。"

王子璐："不好意思，我们打蜡的价格都是公司统一的。"

① **错误话术**／WRONG TO SPEAK

销售顾问："之前怎么没见过您。"

① **错误分析**／ERROR ANALYSIS

这样的回答会让客户感觉到下不了台，增加了客户与销售顾问的对立情绪。

② **错误话术**／WRONG TO SPEAK

销售顾问："我们的价格都是公司统一的。"

② 错误分析／ERROR ANALYSIS

直接拒绝老客户，有损公司的长期利益。

③ 错误话术／WRONG TO SPEAK

销售顾问："那您希望的价格是？"

③ 错误分析／ERROR ANALYSIS

过早地进入了最终议价的环节，降低了谈判底线。

IDEAS TO EXPLAIN
思／路／讲／解

∨

对于汽车后市场产品销售而言，老客户是商家的核心资源。把产品一次卖给一个客户不算成功，成功的是在客户满意的情况下，让客户重复的购买。根据80/20法则，我们可以看到，一家企业80%的利润来源于20%的老客户的贡献。因此，维系好老客户，是销售顾问重要的销售法宝。

既然老客户能够为经销商带来巨大的经济价值，那么在维系老客户的过程中给予老客户一定的"特殊待遇"，同样非常必要。这种"特殊待遇"不一定要花费多高的成本，关键是要让老客户的心理得到满足感。

在销售的过程当中，老客户提出希望享有更大的优惠，这也是商家经常遇到的问题。面对这一类的价格异议，销售顾问容易产生两种错误的心态：

1. 担心影响自己的收入提成做出拒绝

有些销售顾问面对这样的问题，尤其是不是自己之前接待过的客户，由于担心做出了价格的让步会影响到个人的收入提成，所以选择直接拒绝客户。然而，销售顾问一己私利的个人行为，损害的是公司长期的利益。

2．直接向客户询价

有些销售顾问怕得罪老客户，担心不给优惠客户就不买了，于是索性直接问客户的心理价位。但过早地进入了最终议价的环节，降低了谈判底线。

老客户希望价格更优惠，这样的要求对于销售顾问是机会而不是障碍。一个能够多次在同一家 4S 店去消费汽车后市场产品的客户，在他的心目中对这家店及销售的产品和价格都是信赖的。他要的价格优惠，更多的是一种内心与情感的满足。面对客户的价格异议，销售顾问只有把情感的价值应对好，问题才会迎刃而解。

常用的销售步骤如下：

（1）**提前制订老客户维系计划：**对于老客户的维系，商家不应该等老客户提出时才去应对。应该提早制订老客户的维系计划。毕竟，不是每一个销售顾问都认识老客户。因此，经销商应该通过老客户的车牌号、手机号等对老客户建档。让老客户进店"刷脸"就有特殊关怀的对待。这样，从源头上消除老客户提出价格异议的问题。

（2）**对客户表示感谢：**对老客户对店里的支持表示感谢，加强与老客户之间的感情。

（3）**利用垫子强调普遍性：**告诉客户，作为老客户希望得到更多价格优惠的普遍性，对于客户的要求表示理解。

（4）**合理解释：**对于可以优惠的部分，给老客户足够的心理满足，让其体会到足够的"特殊待遇"。对于确实不能让价的部分，做出合理解释，作为老客户往往更容易理解。

（5）**赠送礼品：**赠送礼品，超越客户的期望值。

优秀话术／EXCELLENT TALK

客户："我是你们的老客户了，给我多些优惠吧。"

销售顾问："张先生，很感谢您对我们店的信任和支持。一看您的车牌我们就知道您是我们最早的一批客户了。"

客户："是啊，那你这次要给我多一些优惠。"

销售顾问："张先生，您放心，很多老客户和您一样，都希望每次来能有更好的价格优惠。我们早就准备了针对您这样的客户回馈了，对于您这样的老客户我们肯定是给予最优惠的价格的。"

客户："那这次你给我什么价格？"

销售顾问："张先生，打蜡镀膜的产品有好多种，品种不同，价格也就不同，这样咱们先选好您需要的产品，然后我一并给您一个最友情的价格。"

优秀分析／ANALYSIS

面对老客户要求优惠，主动迎合，给予理解，但并未谈价格本身，而是自然地把价格优惠的话题转移到产品选择上来。

7.14 客户说："我一次性买了这么多，再给我些优惠吧"怎么办

情景呈现

王子璐是明星汽车 4S 店的销售顾问。这一天，客户张先生来给爱车加装改装件。张先生选择了大包围、尾翼、氙气大灯、LED 尾灯等产品。埋单之前，张先生提出希望能多给一些优惠。

客户："我一次性买了这么多，再给我些优惠吧。"

王子璐："已经是最便宜了，真的不能再少了。"

客户："我买了这么多呢。"

王子璐："这还算多啊，上次一位客户买的是你的 3 倍多，也是这个价格。"

① **错误话术／WRONG TO SPEAK**

销售顾问："已经是最便宜了，真的不能再少了。"

① 错误分析／ERROR ANALYSIS

直接拒绝容易让客户产生对立的情绪。

② 错误话术／WRONG TO SPEAK

销售顾问："这还算多啊，上次一位客户买的是你的3倍多，也是这个价格。"

② 错误分析／ERROR ANALYSIS

这样表达，是非常伤客户面子的。

IDEAS TO EXPLAIN
思／路／讲／解

V

对于汽车后市场产品销售而言，产品品类繁多。有些客户喜欢一次性购买多种品类的产品。根据客户的心理，买得多，自然也希望优惠更多。但是，买得是否算"多"？这个在客户和销售顾问心理的尺度并不一样。有的时候可能只是客户认为自己买得很多，但从商家的角度来看只不过是一次普通的消费行为。商家见过更多购买力更强的客户，在商家的标准看来，这个客户算不上大客户，不必要为此降低利润。

正因为如此，在销售的过程当中，客户提出因为自己买得多，希望享有更大的优惠，销售顾问容易产生两种错误的应对方式：

一、直接拒绝。

直接拒绝容易让客户产生对立的情绪。

二、告诉客户买的不算多。

客户自认为是大客户，满心欢喜地来询问能否有更多的优惠，被销售顾问一下子就浇上了一盆冷水。这样表达，是非常伤客户面子的。

客户花了很长的时间，在店里选择了较多品种的后市场产品，他的行为已经告诉我们，他对产品和我们店铺是非常认可的。这已经给销售顾问大大降低了销售的难度。从客户的心理分析，他认为自己买得多，是重要的大客户，所以他希望得到商家的尊重与差异化对待。所以，我们发现，此时客户提出要更大的折扣，实际只是表面的行为表现，其潜藏的内在需求是被认可、受尊重。

此时，无论在销售顾问看来，这个客户是否是真正的大客户，都应该给客户足够的尊重。其实，对于这类客户只要能给到他们足够的被认同感，商品的折扣并不是最重要的问题。

常用的销售步骤如下：

（1）**提前制定大客户标准：**在商家的心中，大客户是可以给一定额外优惠的。但并不是所有的客户都可以称之为大客户。如果没有适当的标准，当客户的认定观点和商家的认定观点出现不一致时，很容易让客户产生不满的情绪。因此，商家需要提前制定大客户的标准，比如：购买正价商品达到指定价格。

（2）**对客户表示感谢及赞美：**无论客户选购的数量是否达到商家制定的大客户标准，客户能一次性选择多样商品，就足以说明客户对我们产品的认可。对客户表示感谢，以及赞美客户有品位，可以很好地提升客户的被认同感。

（3）**可以适当给予象征性的优惠：**如果成本允许，可以适当给予客户象征性的优惠。因为这类客户大多是为了满足自己的存在感，希望得到一些"特殊待遇"。象征性的优惠可以实现两全其美。

（4）**如果没有折扣，真诚致歉，用质量和服务做合理解释：**如果实在无法给予客户折扣，那么对客户真诚致歉，并给出合理的解释。运用质量和服务作为解释最佳。

（5）**赠送礼品：**可以利用赠送礼品，来弥补客户心中期待的那部分价格优惠的需求。

优秀话术 / EXCELLENT TALK

客户："我一次性买了这么多，再给我些优惠吧。"

销售顾问："张先生，您一下子买了这么多汽车的专业部件，一看就是汽车专家。感谢您对我们产品的认可和支持。"

客户: "是啊,那你要给我多一些优惠。"

销售顾问: "张先生,真的很抱歉,因为之前每一款产品的价格都给了您最大的优惠,整体实在没办法再少了。您看我们公示牌上有说明,购买正价商品满 30 000 元,才有 9.8 折优惠。我刚才给您的优惠已经都不止 9.8 折了。"

客户: "虽然没有 30 000,我买的量也不少嘛。"

销售顾问: "张先生,您能一次性在我们这儿选择这么多产品说明什么? 说明您信得过我们的产品,我们的产品质量和服务有保障。之所以价格不能再打折,就是为了这个质量和服务不能打折啊,您说是吧。这样,虽然价格上是不能再优惠了,但是看您这么专业,又买了这么多专业的配件,我个人送您一款绝对专业的礼品,这个普通车主都不知道的哦。"

优秀分析／ANALYSIS

优秀的销售顾问,并不是在价格本身上和客户争论到底。而是找到了客户内在的需求,满足内在需求,解决价格异议。

7.15 客户说: "我是你们老客户介绍来的, 再给我些优惠吧"怎么办

情景呈现

王子璐是明星汽车 4S 店的销售顾问。这一天,客户张先生来给爱车做全车封釉。王子璐给张先生介绍了一款热销的产品。

张先生: "我是你们老客户介绍来的,再给我些优惠吧。"

王子璐: "不好意思,就算是老客户再过来,价格都是一样的。"

张先生: "那下次我叫他也不要再来了。"

① **错误话术** / WRONG TO SPEAK

销售顾问："很抱歉，我们的价格都是公司统一规定的。"

① **错误分析** / ERROR ANALYSIS

将不能降价的责任推卸给公司，让客户觉得冷漠无情，没有人性化。

② **错误话术** / WRONG TO SPEAK

销售顾问："不好意思，就算是老客户再过来，价格都是一样的。"

② **错误分析** / ERROR ANALYSIS

这样表达，不仅得罪了新客户，而且也伤害了老客户。

IDEAS TO EXPLAIN
思／路／讲／解

∨

对于汽车及其后市场产品销售而言，客户转介绍是一个重要的销售线索。每个人都有一张关系网，包括身边的亲戚、朋友、同事、同学等。销售顾问能让客户介绍身边的朋友来购买，比起自己全新开发客户可以降低很多成本。把握老客户及客户转介绍是销售顾问的重要能力之一。

对于汽车及其后市场产品，客户特别喜欢用这张关系网。因为在客户的心目中，既然是朋友介绍，自然就希望能得到特别的对待。比如：更加优质的服务，更多的尊重，以及更多的价格优惠。

对于销售顾问而言，有老客户的转介绍自然是很高兴。但是，面对客户的压价，如何去平衡价格成本与客户资源成本之间的关系就显得非常重要了。转介绍的客户不仅仅关系到客户的本身满意度，也关系到介绍人的满意度。销售顾问处理得好，三方皆大欢喜，若是处理得不好，说不定会失去两个客户资源。

有的时候销售顾问为了表现公司的标准化和规范性，经常用统一定价，一视同仁来回复客户，其实这不仅不能换来客户对经销商的好感度，反而会让客户觉得不近人情。经过朋友的介绍，满心欢喜的来询问能否有更多的优惠，被销售顾问一句没有人情味儿的话拒绝了，客户感到难堪。回去说给介绍人听，介绍的朋友也会觉得面子挂不住。

通过对客户心理的分析，我们可以发现，客户在店里选择了产品后，提出了朋友介绍，他的行为说明他对产品和我们店铺是信任的。他只是认为通过朋友的介绍，他和我们的关系更近，应该被视为重要的客户，希望得到商家的尊重与差异化对待。客户要优惠，也只是表面的行为表现，其潜藏的内在需求还是被认可、受尊重。

那么，对于销售顾问而言，满足客户的这种心理需求，比价格谈判的本身更重要。

常用的销售步骤如下：

1．询问介绍人

当客户提出是朋友介绍来的，销售顾问可以转向询问具体的介绍人是谁？这样做一来可以确定客户是否真是朋友介绍的，二来可以对转介绍人进行资料登记。

2．感谢客户及介绍人

提出对客户及介绍人的感谢，感谢他们对我们的信任。

3．答应赠送介绍人礼品

主动提出将为介绍人准备礼品赠送。这样做有以下三大好处：

（1）表示对介绍人感谢和回馈。

（2）适当制约客户的进一步讨价还价。

（3）吸引客户再次转介绍。

4．适当地给予象征性的优惠

如果成本允许，可以适当给予客户象征性的优惠。因为这类客户大多是为了满足自己的存在感，希望得到一些"特殊待遇"。象征性的优惠可以实现两全其美。

5．赠送礼品并要求客户再次转介绍

可以利用赠送礼品，超越客户的期望值。同时吸引客户再次转介绍。

优秀话术 / EXCELLENT TALK

客户："我是你们的老客户介绍来的，再给我些优惠吧。"

销售顾问："张先生，太感谢了。感谢您对我们产品的信任，既然是老客户介绍，我们一定给您最优质的服务和最优惠的价格。请问您是哪位老客户介绍来的呢？"

客户："为什么要问这个？"

销售顾问："因为既然是老客户介绍，为了表示对他的感谢，我们将专门准备一份礼品，事后赠送给他，所以请问是哪位介绍的呢？"

客户："李总介绍的。那你能给我多少优惠啊？"

销售顾问："张先生，您看我们有专门的客户转介绍优惠方案。全车封釉类的产品客户转介绍我们一共有 200 元的优惠送出，其中 100 元礼品送给您，100 元礼品送给李总。以后也欢迎您帮我们多介绍客户，您介绍来的客户，我们也会为您准备礼品赠送的。"

优秀分析 / ANALYSIS

面对老客户的介绍，充分让客户感到被尊重。同时不忘对老客户的回馈，鼓励客户也多转介绍。

促销成交环节——抓紧机会一击制胜

8.1 客户说："我再考虑一下"怎么办

情景呈现

王子璐是明星汽车 4S 店的销售顾问。这一天，客户张先生来到店里想给爱车选配一款车载导航。经过王子璐的介绍，张先生对导航非常满意，价格也表示认可。

王子璐："张先生，没问题的话，咱们今天就把这个导航订下来，我安排技师帮您安装。"

客户："我再考虑一下。"

王子璐："那好吧。"

张先生离开了店里，从此就再没有回来了。

错误话术／WRONG TO SPEAK

销售顾问："那好吧。"

错误分析／ERROR ANALYSIS

不去引导客户的犹豫心理，默默等待客户提出成交，是很难有结果的。

```
IDEAS TO EXPLAIN
思／路／讲／解
```
∨

汽车后市场产品的销售，在完成了议价环节后，销售顾问就应当立即转入成交环节，快速形成订单。因为这类产品品牌多，经销店也多，竞争非常激烈。如果不能做到立即成交，后续面临的竞争压力是非常大的。

销售顾问要想做好成交工作，首先，要学会在前期的销售流程中埋下成交伏笔。尤其是议价环节，我在前面讲到的 TMD 原则，就是在议价环节中为最终的成交事先埋下的伏笔。

其次，要学会观察客户的成交信号，当客户的成交信号发出时，销售顾问要及时提出成交请求。这样可有效避免客户过多地考虑时间。

常见的客户成交信号有以下几种：

（1）客户的主要疑问得到了圆满的解决。

（2）客户沉默一段时间。

（3）没有新问题的时候。

（4）客户了解以往签约客户的时候。

（5）客户明确提出需征求他人意见的时候。

最后，客户在成交之前的那一刻，多多少少都会有犹豫的心理。他会想还有哪些没有考虑周全的地方，这是一种正常的心理，是人们的一种自我暗示。当客户在成交时提出顾虑或阻碍成交的观点时，销售顾问要及时了解客户的这种心理，并正确引导说服客户。不能只是默默等待客户提出成交。通常情况下，客户是不会主动提出成交的。

清理成交障碍的方法如下：

1. 询问客户考虑的内容

当客户提出要考虑时，一定要问清楚客户究竟在考虑什么？是前面的销售环节我们还没有做好的，还是一些新的想法。然后根据客户考虑的内容，制定话术，完成成交。

一般来说，客户需要考虑的因素包括：

（1）产品的比较。

（2）价格的比较。

（3）家人的参考意见。

（4）给自己更多的时间去思考。

2．迎合客户

适当的迎合，称赞客户考虑周全，再度增强客户的好感度及被认同感。

3．使用垫子

使用垫子，强调客户考虑问题的普遍性。

4．使用促销技巧，让客户做出立即购买的决定

明确了客户的考虑内容，就可以使用销售技巧，见招拆招了。

常用的促销技巧包括：

（1）从众效应法。

（2）假设成交法。

（3）稀缺效应法。

（4）利益诱导法。

这四大促销技巧，我会在后面详细讲解运用方法。

5．悲观暗示

要让客户立即做出成交的决定，不仅要告诉他现在成交有什么好处，也要告诉他过后成交有什么不利。一些悲观暗示，反而可以促使客户快速做出成交决定。

优秀话术 / EXCELLENT TALK

销售顾问："张先生，没问题的话，我们今天就把这款导航订下来吧。

我带您去收银台。"

客户："我再考虑考虑。"

销售顾问："张先生，不知道您还在考虑哪些方面的内容呢？是之前我对产品的介绍您还不满意吗？"

客户："产品没问题的。"

销售顾问："那是因为价格吗？刚才您不是说优惠了 500 元肯定能订吗？"

客户："价格也没问题。"

销售顾问："产品和价格都没问题，那您考虑的是？"

客户："我想回家和我太太再商量一下。"

销售顾问："原来是这样啊，张先生真是一个对家人负责任的好男人啊。您家里面购买的汽车用品都是要您和爱人共同决定吗？"

客户："也不是，我就可以决定，只是我想让她帮我再参考一下。"

销售顾问："张先生，非常理解您的心理，我们很多客户也都希望能多听听家人的参考意见，毕竟多一个思路，多一份保障嘛。不过我记得您提到说，你是希望过年期间就要用上这款导航是吗？"

客户："是的。"

销售顾问："现在这款导航我们店里年前只剩下最后一款现货了，不仅仅是我们店，由于这款导航销量特别好，估计全市现货都不多。我担心您现在不订下来，如果被人订走了，您年前可能就拿不到现货了，影响您用车啊。"

优秀分析／ANALYSIS

基于客户的顾虑，一步步地探明顾虑的原因，有的放矢的使用促销策略，并配合悲观暗示法，促成客户快速下订。

8.2　客户说："我不想这么快决定，还要再对比一下"怎么办

<table>
<tr><td>情景呈现</td><td>　　王子璐是明星汽车 4S 店的销售顾问。这一天，客户张先生来到店里准备给爱车换一套轮胎。张先生是户外越野驾驶的爱好者。王子璐根据张先生的车型和平时的用车习惯，为张先生推荐了一款专门用来跑越野路的轮胎。张先生对轮胎表示满意，对价格也没有什么异议。

　　王子璐："张先生，那今天咱们就把这套轮胎换上吧，明天您就可以和朋友一起出门越野挑战了。"

　　客户："我不想这么快决定，还想再对比一下。"

　　王子璐："不用对比了，我们这里是最好的。"

　　客户："光你说好不行，我得看看我那些朋友的选择。"</td></tr>
</table>

错误话术／WRONG TO SPEAK

销售顾问："不用对比了，我们这里是最好的。"

错误分析／ERROR ANALYSIS

武断的回答，难以取得客户的认同感。

IDEAS TO EXPLAIN
思／路／讲／解
∨

一个人的消费行为往往有很大的群体倾向，表现在行为上就是从众。情景中的张先生对于产品和价格都没有异议的情况下，仍然迟迟不能下决定，阻碍在他前面的障碍就是从众心理。

人们面对销售顾问和产品的时候，普遍是缺少安全感的，他们会下意识地怀疑、质疑销售顾问的可靠性，认为去购买那些少有人买或刚刚推出的新产品的风险太大。面对销售顾问，他们需要不断地去找证据去消除这种不安全感，他们会不由自主地通过他人的行为去选择自己的行为。听说某款轮胎好，他们就愿意跟风购买。从众效应，就是一种客户自发地寻找安全感的方式。

此时销售顾问只是简单的陈述自己的产品是最好的，没有任何的说服力，一定要通过从众的促销话术来打动客户，激发客户立即下订。

从众效应促销方法的应用要注意以下几点：

1．选用具有说服力的人或事作为说客

客户虽然具有从众心理，但是如果销售顾问举的例子不具有足够的说服力，客户通常是不为所动的。所以，要想成功利用客户的从众心理实现成交的目的，就要尽可能地选择那些影响力较大的、比较有权威的老客户作为举例对象。

2．说客越多越好

利用从众心理，说客不仅仅是销售顾问自己，而是越多越好。在条件允许的情况下，也可以让客户与自己信得过的老客户接触，为目标客户营造一个足以发生影响的积极氛围。

3．建立起固有的高质量的老客户群体

一个成熟的销售顾问一定会有一些忠诚的、高质量的老客户，在关键

的时刻这些老客户可以发挥出强于千言万语的促销作用。所以，在平时的工作中，销售顾问就要尽可能地对每一个客户服务周到，做好老客户的资料汇编，尤其是那些合作愉快的有价值的老客户。这样，当你需要的时候，你才能迅速得到回应。

优秀话术／EXCELLENT TALK

销售顾问："张先生，那今天咱们就把这套轮胎换上吧，明天您就可以和朋友一起出门越野挑战了。"

客户："我不想这么快决定，还想再对比一下。"

销售顾问："张先生，刚才您说产品和价格都没问题了，您还要对比什么呢？"

客户："我想看看，我那群朋友买的都是什么轮胎。"

销售顾问："张先生，您尽管放心，大多山地越野爱好者都是在我们这儿买的这款轮胎。您看，这是我们这个月的提货单，这个月才过了一半，您已经是我们这里第 367 位买这款胎的客户了。您想，要是您一个人买了这款轮胎，出了问题的话，可能是您没选好，但是这么多客户都买了它，就说明这款轮胎是绝对可以让您放心的。"

客户："嗯，网上评论还可以。"

销售顾问："当然了，产品好不好，不是我说了算，也不是公司说了算，客户满意才是好产品。既然这么多人都觉得不错，那自然就是好产品了。陈总，也是你们越野协会的，您认识吗？上个月他在这儿买的也是这款轮胎。"

客户："是吗？"

销售顾问："是啊，您看，他的提货单还在我手上呢？不信您现在就可以打电话给他。这款轮胎最适合你们这些霸气的总裁开这样的豪华越野车的气度了。"

客户："那好吧。"

当发现客户的顾虑是出于从众心理时，合理利用从众效应的促销话术，步步紧逼，有效说服客户立即成交。

8.3 客户说："等过节再来看看"怎么办

情景呈现

王子璐是明星汽车4S店的销售顾问。这一天，客户张先生来到店里准备给爱车加装一套大包围。王子璐根据张先生的需求，推荐了一套目前热销的产品。张先生对于产品也非常认可。

王子璐："张先生，那今天需要把这套产品定下来吗？"

客户："我等过节再来看看吧。"

王子璐："产品您都这么认可了，为什么还要等到过节呢？"

客户："过节看看你们还有没有优惠。"

王子璐："别等了，过节价格也是一样的。"

销售顾问："别等了，过节价格也是一样的。"

这样的回答表面来看似乎是很无奈，其实是非常的强势，让客户觉得没面子，也无法触发客户下决心立即购买的欲望。

V

客户认为目前不是最佳的购买时间，提出"过节的时候优惠多，我还是等到过节再来看看"，产生这样顾虑的真正原因并不是客户认为现在不适合购买产品，而是客户认为到了节假日商家会提供更多的优惠，自己得到的利益会更大，所以选择在过节再来看看才更划算。

人是一种利益驱使的动物，客户关心的是自己的得失，而不是销售顾问付出了多少，他们的购买行为更是要找到能够最大限度地满足自己的利益之后必然的结果。当销售顾问费尽心力完成了所有的销售流程后，客户却因为希望获得更大的利益价值，选择暂时不购买，容易让销售顾问产生反感的情绪。但是，即便你告诉客户过节与否价格都是一样的，客户却未必买账。

客户虽然提出了这样的顾虑，但并不意味着客户一定拒绝现在购买，它表明客户已经接受了购买这款产品的建议，只是因为想获得更多的利益而拖延到过节罢了。

但是，通过对客户的心理分析，我们可以发现，价格只是客户利益的一个要素，客户在考虑利益时考虑的是综合利益。客户之所以做出过节再看看的决定，是认为过节来看与现在购买在其他利益点上是一致的，而有可能获得更大的价格优惠利益。

如果销售顾问能通过有效的话术，让客户感觉到，选择过节再来看反而会失去更大的利益，那么势必可以促成客户立即购买的决心。这个时候销售顾问可以采用假设成交法。在销售过程中，销售顾问在适当的时候，假设客户已经同意购买，不再提成交或选择，而去描述当客户拥有了产品后的场景，叫作假设成交法。

我们知道，除了商品的价格之外，客户拥有产品的使用价值也是客户的重要利益点。通过假设成交法可以让客户更直观地看到现在立即购买产品的利益与延后购买产品失去利益的对比，同时也可以与价格要素进行权衡。

运用假设成交法促成交易有很多优点，主要体现在以下几个方面：

1．恰当运用假设成交法，可以将客户的成交意向变成成交行动

在洽谈中，客户随时都可能流露出各种成交意向。销售顾问运用假设成交法时，便可抓住时机把成交信号转化为成交行动，直接促成交易。

2．合理运用假设成交法，可以减轻客户压力

运用假设成交法时，客户不是明示成交，而是暗示成交，避免了直接施加成交压力，把销售顾问的提示转化为客户的购买提示，这样就可以大大减轻或消除客户的成交心理压力。

3．灵活运用假设成交法，可以提高成交概率

运用假设成交法，销售顾问便可以主动缩短推销面谈时间，迅速把成交信号转化为成交动力，假设客户已经决定购买产品，直接促成交易，节省了推销时间，提高了成交概率。

优秀话术 / EXCELLENT TALK

销售顾问："张先生，那今天需要把这套产品订下来吗？"

客户："我等过节再来看看吧。"

销售顾问："产品您都这么认可了，为什么还要等到过节呢？"

客户："过节看看你们还有没有优惠。"

销售顾问："张先生，您的心情我理解。但是，我可以肯定地告诉您，如果要是等优惠，过节的价格只会更高，因为这款大包围的厂家已经开始提价了，这是我们的订货单您可以看一下。我听您说，您是希望过节安上这款大包围回老家是吗？"

客户："是的。"

销售顾问："您看，我们这款产品现在非常紧俏，您今天下订，也要几周后才能到货，刚好过节的时候可以给您安装好。到时候您开着加装了大包围的车，回到老家，在朋友面前多么"拉风"啊。如果等到过节再来，

价格提升了不说，重点是拿不到现货啊。肯定是来不及给您安装好，让你开车回老家的。"

客户："这样啊。"

销售顾问："是的，不要犹豫了，现在就订吧。"

优秀分析／ *ANALYSIS*

使用假设成交法，凸显了客户立即拥有产品后的利益，再配合产品的稀缺促销法，让客户通过利益对比，果断决定立即成交。

8.4 客户说："我再和家人商量一下"怎么办

情景呈现

王子璐是明星汽车 4S 店的销售顾问。这一天，客户张先生已经是第四次来到店里了，此前还和张太太一起来过。张先生看上了一款白色的 SUV，并且为车子选配了全套大包围、车载导航、贴膜、电动尾箱开启等一系列后市场产品。这一次张先生已经确认了全部的产品，王子璐也给了张先生一个非常优惠的价格。

王子璐："张先生，如果没有问题，我们今天就订下来吧，我带您去交订金。"

客户："我再考虑一下。"

王子璐："产品和价格您都没问题了，您还要考虑什么呢？"

客户："我再和家人商量一下。"

王子璐："您都来四次了，男人就该爽快点嘛，还要商量车可就没货了。"

① 错误话术／WRONG TO SPEAK

销售顾问："男人就该爽快点嘛。"

① 错误分析／ERROR ANALYSIS

我们可以理解销售顾问的急迫心情，但这是贬低人格的语言，万万不可使用。

② 错误话术／WRONG TO SPEAK

销售顾问："您那么喜欢就别商量了。"

② 错误分析／ERROR ANALYSIS

这种回答空洞无力，对客户没有说服力。

③ 错误话术／WRONG TO SPEAK

销售顾问："好吧，等您商量好了再来。"

③ 错误分析／ERROR ANALYSIS

商量好了可能就再也不来了，没有抓住客户的内心，快速成交。

IDEAS TO EXPLAIN
思／路／讲／解

V

对于多数客户而言，汽车类的产品对于家庭来说是需要多方考察，综合多方的意见。所以，客户会提出和家人商量的借口阻碍成交。销售顾问首先要分析客户的心理，其实客户提出和家人商量不外乎有以下三种原因：

（1）客户想到其他店进行对比，不好意思说出口，于是把家人当挡箭牌。

（2）客户认可产品，但还希望获得更多的优惠，以此故意拖延时间。

（3）客户认可产品，但对细节部分还是没有把握，希望征求他人的意见。

销售顾问在处理这种问题时，首先要理解客户的做法，然后找出客户要商量的真实原因，根据原因不同，采取不同的处理原则。

如果是第一种原因，销售顾问要重新回到探询需求的环节，为客户推荐更合适的产品。

如果是第二种原因，销售顾问则要回到价格谈判的环节，按照价格谈判的技巧去应对。

如果是第三种原因，销售顾问则可以用各种理由，尽量让客户不用商量就决定下来。

其实，无论是哪种原因，客户的潜台词都是：他需要更多、更充分的理由去说服自己，让自己确信现在就应该购买，而不是以回家商量来确定购买信心。这时候，销售顾问可以采用稀缺效应的方法。

物以稀为贵，越是不容易得到的东西，越是觉得物有所值，越想要拥有。大家看看竞争车牌的时候，那些特别的号码总是能够拍卖出让人瞠目结舌的价格，就可以明白这一点，作为人性的一种欲望，销售顾问要学会善加利用，将自己的产品塑造成一种稀缺的商品，就可以产生很好的成交效果。

对于汽车后市场产品而言，可以制造产品稀缺的话题太多了，比如：

（1）产品稀缺

（2）型号稀缺

（3）颜色稀缺

（4）优惠稀缺

（5）礼品稀缺

总之，客户越是在乎什么，什么就可以被制造得越稀缺。当然，这种稀缺要介绍得有理有据，不要夸大其词，这样反而会让客户不相信。

优秀话术 / EXCELLENT TALK

销售顾问："张先生，如果没有问题，我们今天就订下来吧，我带您去交订金。"

客户："我再考虑一下。"

销售顾问："产品和价格您都没问题了，您还要考虑什么呢？"

客户："我再和太太商量一下。"

销售顾问："张先生，您真是一个好丈夫，您有这种想法我很理解。毕竟买车对于一个家庭来说也是一件大事，与太太再商量一下，多做一些考虑，这样买了才不会后悔。不过我记得您提到说，你是希望过年期间就要用车是吗？"

客户："是的。"

销售顾问："现在您看上的这款车实在是太抢手了，我们店里年前这种颜色只有最后一款现车了。而且我听同事说，还有客户正想订呢。我担心您现在不订下来，如果被人订走了，您年前可能拿不到现货，影响您用车啊。"

客户："我商量一下明天订吧，应该不会这么快被订走吧。"

销售顾问："这真不好说。还有刚才给您谈到的价格优惠，也只剩最后一个名额了，我费了好大劲才帮您争取到，如果明天订，厂家活动结束了，就没有这么合适的价格了。不如，您先交 5 000 元的定金，我把车和优惠名额给您保留着，您商量好了就来交全款提车，即使太太反对，您回来时我也可以把订金退给您，这样不就两全其美了吗？"

客户："好吧。"

优秀分析 / ANALYSIS

客户越在乎什么，什么就越稀缺，经过对比，让客户确信现在就应该购买。

8.5　客户说："我才来一次就下订，是不是太冲动了"怎么办

情景呈现

王子璐是明星汽车4S店的销售顾问。这一天，客户陈小姐来到店里。陈小姐是第一次到店，一眼就看上了一款敞篷的跑车，还给自己选择了一款大包围和车载导航。王子璐与陈小姐相谈甚欢，经过一番讨价还价，陈小姐决定现场下订购买。就在王子璐拿来订车合同的时候。

客户："我才来一次就下订，是不是太冲动了。"

王子璐："不会啊，每个人买车都有做决定的时候，一点都不冲动。"

陈小姐笑了笑。

客户："你是销售，你肯定这样说了。"

① 错误话术／WRONG TO SPEAK

销售顾问："不会啊，每个人买车都有做决定的时候。"

① 错误分析／ERROR ANALYSIS

这样的回答说服力不强，让客户感到是销售急于让客户购买才这样说的。

② 错误话术／WRONG TO SPEAK

销售顾问："是有点儿冲动，但没有关系了。"

② **错误分析** / ERROR ANALYSIS

客户正是因为觉得冲动，才提出了阻碍立即成交的理由，销售顾问这一肯定，又没有给出合理的理由，正好给了客户一个重新考虑的借口，很可能会推迟购买，甚至放弃购买。

③ **错误话术** / WRONG TO SPEAK

销售顾问："你自己做决定吧。"

③ **错误分析** / ERROR ANALYSIS

这可不是尊重客户的选择。相反，这样的回答属于非常消极的回应，大大打击了客户的购买信心和热情，可能直接导致失去订单。

IDEAS TO EXPLAIN
思／路／讲／解

∨

客户在做出最终的购买决定时，心理上常常都会有一些犹豫和焦虑，尤其是来一次就准备下订，更是害怕自己做出错误的决策。所以，情景中的问题是一个既让人欣喜，又非常棘手的话题。

客户来一次就准备成交，这对于销售顾问而言是万分的欣喜。而就在签单付款前的一刹那，客户提出："我才来一次就下订，是不是太冲动了。"的异议，这个时候销售顾问简单的回答"是"或"不是"，恐怕都难以成交这张订单。

因为，如果销售顾问承认客户是冲动的，又不能给出合理的理由，那么就意味着客户确实应该再仔细考虑一下才能下决定。如果否定这样的冲动，又过于明显是因为销售顾问急于成交而给出的违心答案。

所以，这个时候销售顾问要做的，不是简单的回答客户，而是要给出客户一个能让其果断做出立刻下订的理由。

常用的销售步骤如下：

（1）迎合客户：迎合客户，就是肯定客户的冲动。

（2）使用垫子：告诉客户买这款产品的客户都是冲动的，强调普遍性。

（3）称赞客户：在肯定客户冲动的同时，要对其给予称赞，称赞其冲动的价值，这是激发客户的虚荣心的有效方法。

（4）呈现利益点：对于其冲动的肯定，要及时地给予理由去支持，告诉客户冲动给他带来的利益是远远大于长时间思考的。

（5）正反对比：因为冲动是其消费能力的体现，用一些想冲动而消费能力不够的客户去做正反两个方面的对比，更大的激发起客户的被认同感和存在感。

（6）场景冲击：冲动后的利益，不仅要讲出来，更要看得见摸得着。利用场景冲击，引发客户的美好想象，激发其购买欲望。

优秀话术／EXCELLENT TALK

客户："我才来一次就下订，是不是太冲动了。"

销售顾问："陈小姐，当然冲动了！买这款跑车的客户有几个是不冲动的呢？我们这款车和这么漂亮的大包围，就是靠着冲动打动人心。您之所以冲动，那是因为您有为自己冲动埋单的财力，您不知道有多少女人看了这款车，想冲动却没有支付能力啊！拥有豪车，就是一种豪华的冲动。人生就是因为有了这样的冲动，生命才更加富有激情啊！"

客户："你真会说话。"

销售顾问："陈小姐，想象一下，当您黄昏时分，开着这辆白色的豪华跑车，行驶在海边的公路上。宽阔的海面上白帆点点，夕阳洒在您的爱车上，也洒在你美丽的容颜上，海风吹起您的长发，轻轻浮动，旁边的男士都被您的美丽打动，驻足而立，这是一种多么浪漫又美妙的感觉啊！"

客户："好！我要的就是这种感觉，现在就订！"

优秀分析／ANALYSIS

塑造客户的优越感，给她一个为自己冲动埋单的理由。同时，利用场景冲击，引发客户的美好想象，激发其购买欲望。

后　记

　　2012年我开始写作我的第一本汽车行业专业书籍《汽车4S店销售管理实战技巧》，2013年出版的时候汽车行业还处在传统的展厅营销时代。2014年写作《汽车销售技巧与营销管理》，2015年出版的时候出现了蓬勃的车展营销和DCC营销模式。而到了2016年，我写作汽车行业的第三本专业书籍的时候，汽车行业的利润点已经由整车销售转移到了汽车后市场产品。

　　6年的时间，行业风口变化之快，与中国汽车产业的成熟化息息相关。这几年，我看到汽车行业里一个很有意思的大数据，在整个广义乘用车的增长率数据中显示，自主品牌和豪华品牌的增长率在放大，而合资品牌的增长率在缩小。两头大、中间小的形态告诉我们，中国的汽车市场一方面正在村镇乡野迅速的普及，另一方面在核心的成熟市场，汽车的功能和意义已经超越了驾驶的本身，人们对车的追求，开始朝着整车以外的方向在不断地延伸。

　　这个时候，汽车后市场产品必然就应运而生。而且将在很长一段时间里成为汽车行业的主流利润来源。我在写这本书的时候，有朋友问我，怎么定义汽车后市场产品？又如何让4S店经营好后市场产品？是不是把机油、轮胎、美容、电瓶、贴膜、导航、保险……这些都拿到4S店去经营就是后市场产品的经营模式呢？

　　我的回答，是也不是。说是，因为你可以看到，我的这本书里就是通过销售的角度来诠释怎么把这些产品更好地与客户需求相结合，实现销售，获得利润。说不是，因为未来我们能看到的汽车后市场或许将远远超出这个边界。所以，本书只是在给汽车行业的从业者们抛砖引玉，我希望看到的是读者们的举一反三，从"术"的层面出发，找到未来"道"的方向。

过去，我们在使用手机的时候，如果你倍加爱惜，一台手机应该可以用上十来年。因为手机始终保持着功能的不变。但今天的手机早就不是这个样子了。手机系统要定期不断地更新和升级，而手机的本身也只是一个载体，真正发挥手机功能与价值的是手机上的应用程序，即使是用同一品牌、同一型号的手机，由于每个人对应用程序的需求不同，手机发挥的功能也有所不同。这些应用程序与系统更新就是手机的后市场产品。

我想，未来的汽车市场可能会像今天的手机市场一样。车的本身只是一个硬件的载体，而车是联结人和出行需求的一个工具。这时候你会发现，每个人的需求是不同的。有人需要豪华舒适，有人需要动力强劲，有人需要科技智能……总之，根据不同的需求，你就可以选择不同的后市场应用产品。此时，我们看到的后市场产品就已经突破了现有的硬件和服务。

那未来的汽车 4S 店又会是什么样子呢？

以往的汽车 4S 店是传统型的贸易与服务型的商业模式，简单地说，就是卖车和修车，进销差价。这个和过去的家电经销市场非常相似，就是简单的卖和修。如今，家电的销售利润在不断萎缩，而由于新品购买成本的降低，维修市场也不景气。汽车市场也可能将会如此。

今天，在家电行业的革命中，出现了小米和乐视。它们的经营特点并不是做贸易，而是做平台。电视的硬件售价并不高，利润也不高。但是它们基于自己的平台，为消费者提供着更多的软件服务。电视的功能也早已延伸出了电视的本身，电视成为集娱乐、社交、游戏、点播、金融股票……为一体的家用平台。有了平台，就有了电视销售以后的后市场产品，自然也就有了更可观的利润来源。

我想，未来的汽车 4S 店或许就应该是这样的平台吧。以汽车的硬件为载体，延伸出无数的后市场产品应用。

这也正是当下最热门的互联网思维的商业模式。

　　我希望本书可以成为中国汽车行业中一本总结经验承接未来的书籍。总结的是过去一线的销售经验与话术，利用后市场产品这一个点去承接未来整个汽车市场互联网思维平台化发展的趋势。

　　能够成书，首先，感谢奋战在汽车后市场产品销售一线的伙伴们，因为书中所有的情景与话术来源都是你们的工作实战。其次，感谢这些年来所有子璐咨询培训过的汽车主机厂和汽车经销商们，是你们给了子璐更多的机会去深入发掘和研究。最后，感谢每天陪伴在子璐身旁的家人们，是你们对子璐生活起居的默默照顾，让子璐在咨询培训的事业上扬帆起航。

　　写这篇后记，刚好是 2016 年的最后一天。新故相推，日升不滞，伴随着"互联网 +"时代的思维转型，中国的汽车行业还将不断地发展，汽车后市场产品也将亦步亦趋走向成熟。

读 者 意 见 反 馈 表

亲爱的读者：

感谢您对中国铁道出版社的支持，您的建议是我们不断改进工作的信息来源，您的需求是我们不断开拓创新的基础。为了更好地服务读者，出版更多的精品图书，希望您能在百忙之中抽出时间填写这份意见反馈表发给我们。随书纸制表格请在填好后剪下寄到：北京市西城区右安门西街8号中国铁道出版社综合编辑部 张亚慧 收（邮编：100054）。或者采用传真（010-63549458）方式发送。此外，读者也可以直接通过电子邮件把意见反馈给我们，E-mail地址是：lampard@vip.163.com。我们将选出意见中肯的热心读者，赠送本社的其他图书作为奖励。同时，我们将充分考虑您的意见和建议，并尽可能地给您满意的答复。谢谢！

- -

所购书名：_____

个人资料：

姓名：_____ 性别：_____ 年龄：_____ 文化程度：_____

职业：_____ 电话：_____ E-mail：_____

通信地址：_____ 邮编：_____

- -

您是如何得知本书的：

□书店宣传 □网络宣传 □展会促销 □出版社图书目录 □老师指定 □杂志、报纸等的介绍 □别人推荐
□其他（请指明）_____

您从何处得到本书的：

□书店 □邮购 □商场、超市等卖场 □图书销售的网站 □培训学校 □其他

影响您购买本书的因素（可多选）：

□内容实用 □价格合理 □装帧设计精美 □带多媒体教学光盘 □优惠促销 □书评广告 □出版社知名度
□作者名气 □工作、生活和学习的需要 □其他

您对本书封面设计的满意程度：

□很满意 □比较满意 □一般 □不满意 □改进建议

您对本书的总体满意程度：

从文字的角度 □很满意 □比较满意 □一般 □不满意
从技术的角度 □很满意 □比较满意 □一般 □不满意

您希望书中图的比例是多少：

□少量的图片辅以大量的文字 □图文比例相当 □大量的图片辅以少量的文字

您希望本书的定价是多少：

本书最令您满意的是：

1.
2.

您在使用本书时遇到哪些困难：

1.
2.

您希望本书在哪些方面进行改进：

1.
2.

您需要购买哪些方面的图书？对我社现有图书有什么好的建议？

您更喜欢阅读哪些类型和层次的理财类书籍（可多选）？

□入门类 □精通类 □综合类 □问答类 □图解类 □查询手册类

您在学习计算机的过程中有什么困难？

您的其他要求：